순응과 저항을 넘어서

서울대학교 규장각한국학연구원 한국학모노그래프 66

순응과 저항을 넘어서

이승만과 박정희의 대미정책

펴낸곳 서울대학교출판문화원
펴낸이 성낙인
지은이 신욱희

초판 1쇄 발행 2010년 12월 10일
초판 3쇄 발행 2015년 10월 5일
출판등록 제15-3호

주소 (08826) 서울 관악구 관악로 1
대표전화 02-880-5252 **팩스** 02-888-4148
마케팅팀(주문상담) 02-889-4424, 02-880-7995
이메일 snubook@snu.ac.kr
홈페이지 www.snupress.com

ISBN 978-89-521-1778-6 94340
세트 978-89-521-1027-5

2011 **대한민국학술원 우수학술도서**

서울대학교 규장각한국학연구원 한국학모노그래프 66

순응과 저항을 넘어서

이승만과 박정희의 대미정책

신욱희

서울대학교출판문화원

Beyond Compliance and Resistance

The Policies of Syngman Rhee and Park Chung Hee toward the United States

Wookhee Shin

Seoul National University Press

머리말

이 책은 오랜 시간의 결과물이다. 나는 국제정치이론, 외교정책, 그리고 동아시아 국제관계를 공부하고 가르치면서 나름대로의 구상을 갖고 글을 발표해 왔다. 하지만 그러한 글들을 다시 해체하고 재구성하는 것은 또 하나의 개별적인 프로젝트를 필요로 했고, 규장각 한국학연구원이 그와 같은 장을 제공해 주었다. 한국의 대미정책을 다루는 이 책은 이론과 방법론, 개념과 변수, 역사와 사례, 현재와 정책이라는 네 개의 장으로 이루어져 있다. 이 책은 첫 번째로 나 개인의 학문적 연구 주제의 이동 경로를 보여준다. 박사학위 논문에서 후견주의(clientelism)의 틀을 사용하여 한미동맹관계를 분석했던 나는 이후 이러한 후견-피후견 국가관계의 정태성을 벗어나려는 노력의 하나로 주체-구조(agent-structure)의 문제를 중심으로 구성주의 국제정치이론에 대해 관심을 기울였다. 이는 이후 주체와 그가 갖는 인식의 변수에 대한 고찰로 이어졌고, 이 책은 이러한 경로의 과정적인 산물에 해당한다.

이 책이 보여주는 두 번째의 특징은 국제정치학의 방법론에 대한 나의 탐구의 시작이다. 많은 학자가 지적했던 양적인 연구와 질적인 연구, 설명과 이해, 이론과 사례, 그리고 정치학과 역사학 사이의 가교적 노력의 필요성과 다양한 학제적 시도의 의미를 분명히 인지하면서도 나 자신은 이를 실제로 어떻게 할 수 있을 것인가에 대해서는 단지 막연한 생각만을 가지고 있었다. 정치심리학적 접근에 해당하는 이 책은 이러한 모색의 출발점이라고 할 수 있을 것이며, 이후 여러 학자와의 공동 작업을 통해 좀 더 완성된 성과를 보여줄 수 있기를 기대한다.

이승만과 박정희를 다루는 이 저작의 세 번째 의도는 한국 외교에서 전략가의 등장에 대한 나의 희망이라고 할 수 있을 것이다. 책의 제목이 시사하고 있는 것처럼 두 대통령의 대미정책은 순응과 저항을 넘어 구성에 이르지 못했고, 그 이유를 밝혀 보려고 했던 것이 이 저술 하나의 목적이었다. 장면 수상과 박정희 이후의 대통령들도 역시 이 구분에서 전략가의 범주에 들지 못한다고 한다면, 이와 같은 현실적인 문제의식은 아직도 유효하다고 볼 수 있다. 구조의 영향력이 크면 클수록 주체의 자율성 획득을 위해서는 더욱더 많은 노력과 신중한 고려가 요구되는 것이다.

이 책의 내용을 채워가는 과정에서 나는 많은 사람의 도움을 받았다. 먼저 항상 격려와 조언을 아끼지 않으시는 서울대학교 외교학과의 선생님들께 감사드린다. 그리고 외교학과 대학원의 한국외교정책연구 세미나를 수강하면서 토론과 보고서를 통해서 내 생각을 일깨워준 학생들에게도 고마움을 표한다. 대학원 석사과정의 김웅서 군과 김양규 군은 조교로서 나의 작업을 도와주었다. 그리고 이 책의 집필은 서울대학교 한국학기초연구사업비의 지원으로 이루어졌음을 밝혀둔다. 오래전 학위 논문이 출판되었을 때 그 책을 부모님께 드렸었다. 이 책은 내가 게을러지지 않도록 항상 옆에서 독려해 준 아내에게 주고자 한다.

2010년 5월 양평에서

저자

차례

Ⅰ. 이론과 방법론

이 책은 국제정치학에서 외교정책론의 영역에 해당한다. 국제정치이론이 체제의 문제를 다루는 국제정치학의 거시이론이라면 외교정책론은 단위의 문제를 다루는 미시이론이라고 할 수 있다. 하지만 경제학에서 미시와 거시 양 이론의 균형적인 발전에 비해서 국제정치학은 논쟁의 전개나 이론화의 정도에 있어서 주로 거시이론인 국제정치이론이 우위를 점하면서 발전되어 왔다. 대표적인 국제정치이론가로 꼽히는 월츠(Waltz)는 전쟁의 원인을 분석하면서 세 가지의 상징, 즉 인간, 국가, 국제체제의 세 변수의 역할을 고찰하였다.[1] 그는 그 중에서 3차적 상징(third image)인 체제의 차원을 강조하였고, 이후 이와 같은 체제의 구조에 대한 논의를 중심으로 하는 구조적 현실주의(structural realism)가 국제정치학의 주류이론이 되었다. 또 다른 주류이론인 신자유주의적 제도주의(neo-liberal institutionalism)도 구조적 현실주의의 주요 가정을 사실상 수용하고 있다고 볼 수 있다.

이후 구성주의의 대표적인 이론가로 불리게 되는 웬트(Wendt)는

1. K. Waltz, *Man, the State and War*, Columbia University Press, 1959.

이른바 '주체-구조의 문제(agent-structure problem)'를 제기하면서 이러한 이론적 구도에 비판을 제기하였다.[2] 그에 따르면 월츠의 구조적 현실주의는 체제이론을 지향하고 있지만 사실상 체제의 구조가 능력의 배분(distribution of capabilities)이라는 단위의 요소에 의해 결정되는 개체론적 환원주의에 빠지고 있다는 것이다. 그는 체제가 선험적으로 존재하는 단위의 차원에서 정의된다면 구조가 주체의 행위를 단순히 제약하는 것을 넘어서 국가 주체를 생성해 내는 측면을 이해시킬 수는 없을 것이라고 지적한다. 웬트는 다른 한편으로는 월러스타인(Wallerstein)의 세계체제론이 갖는 구조결정론적인 성격을 공격하고 있다. 그에 의하면 월러스타인의 이론은 월츠의 이론과는 반대로 구조를 절대적인 것으로 받아들여 그로부터 국가의 행위를 기능적으로 도출해 내는 한계를 갖는다는 것이다. 그는 이러한 구조의 물신화가 결국 체제의 작동을 국가나 계급적인 주체의 구체적인 행위로부터 분리시켜 버리게 된다고 주장한다. 결국 웬트가 강조하는 점은 국가 주체나 국내적, 국제적 체제의 구조 모두 그것이 주어진 것으로 간주되어서는 안 되며, 국제정치학의 이론은 양자에게 모두 설명의 수단을 부여할 수 있어야 한다는 것이다.

주체-구조의 문제와 연관된 국제정치학의 다른 쟁점은 분석수준의 문제이다. 주체-구조의 문제가 존재론적인 구성(constitution)의 문제를 다룬다면 분석수준의 문제는 이미 존재하는 수준 사이의 규제(regulation) 문제를 다룬다. 하지만 이러한 차이에도 불구하고 인과적 결정에 기초하는 기존 국제정치이론의 외부적 '설명'의 영역에 구성주의 이론과 같은 내부적 '이해'의 시도를 연결시키는 것이 필요

2. A. Wendt, "The Agent-Structure Problem in International Relations Theory," *International Organization*, 41, 3, 1987. 구성주의 이론의 내용에 대해서는 신욱희, 「구성주의: 국제관계의 사회적 구성과 전환」, 『정치학 이해의 길잡이: 국제정치와 안보』 법문사, 2008을 참조할 것.

하다는 점에는 별 이견이 없는 것으로 보인다.[3] 즉 후자의 이론에 대한 논의를 통해 전자의 이론들이 좀 더 많은 질문을 던질 수 있도록 하는 것이 중요하다는 것이다.

싱어(Singer)는 분석수준에 관한 그의 고전적인 논문에서 국제체제와 민족국가의 두 가지 분석수준을 제시하고, 어떠한 수준의 연구가 이론적으로 볼 때 상대적으로 유용한가를 검토한 바 있다.[4] 그의 결론에 따르면 기술(description)의 견지에서는 체제수준의 연구가 우월하고, 설명의 견지에서는 국가수준의 연구가 우월하며, 예측의 견지에서는 양자가 비슷하다는 것이다. 싱어는 기본적으로 국제체제를 다루는 국제정치이론과 민족국가를 다루는 외교정책론의 영역은 구분되어 있으며, 양자의 혼합은 쉽지 않을 것으로 생각하였다. 그러나 로즈노우(Rosenau)의 연계이론이나[5] 퍼트남(Putnam)의 양면게임 이론에서[6] 보는 것처럼 한 정치체제 내부의 여러 요인과 정치체제 간에 존재하는 요인들 사이의 밀접한 상호연관성을 전제하고, 단위수준과 체제수준 분석의 결합에 의해 국가의 행위에 대한 좀 더 정확한 분석을 시도하려는 상호적 접근법은 이제 당연한 것으로 받아들여지고 있다.

외교정책분석의 이론적 작업을 정리하면서 허드슨(Hudson)은 정책결정자의 인성과 심리, 소집단의 역학, 국내정치, 문화적·사회적 요인, 국가의 속성, 그리고 체제적 수준의 영향 등의 다양한 분석수준에 대한 연구를 소개하였다.[7] 아울러 그녀는 이러한 분석수준을 아우

---

3. '설명'과 '이해'의 차이에 대해서는 이 장의 뒷부분에서 서술할 것이다.
4. J. Singer, "The Level-of-Analysis Problem in International Relations," in K. Knorr and S. Verba, eds., *The International System: Theoretical Essays*, Princeton University Press, 1961.
5. J. Rosenau, *Linkage Politics*, Free Press, 1969.
6. R. Putnam, "Diplomacy and Domestic Politics: The Logic of Two-level Bargaining Games," *International Organization*, 42, 3, 1988.
7. V. Hudson, *Foreign Policy Analysis: Classic and Contemporary Theory*, Rowman &

르는 통합적인 작업의 부족을 지적하면서, 각각의 분석수준의 연구가 모두 적절하게 발전되어 온 것은 아니며, 영역의 경계에 대한 작업들이 더 진행되어야 하며, 종속변수에 대한 개념화가 충분치 못했으며, 방법론적인 테크닉이 이론을 따라가지 못하고 있다는 점 등을 그 이유로 들고 있다. 하지만 통합이라는 목표는 지속적으로 추구되어야 한다는 것이 허드슨의 주장이다.

칼스네스(Carlsnaes)는 위에서 언급된 주체-구조 문제의 논의를 외교정책연구에 적용하면서 이를 분석수준의 통합의 노력과 연결시키고 있다.[8] 그는 외교정책 행위를 설명하면서 객관적인 조건과 제도적인 환경으로 이루어지는 구조적 차원과 선택과 선호로 이루어지는 의도적 차원 이외에 정책결정자의 인식과 가치로 이루어지는 성향적 차원(dispositional dimension)의 역할을 상정하고 있다. 즉, 왜 정책결정자가 특정한 구조적 상황에서 다른 것이 아닌 특정한 의도에 대해 인지적으로 끌리게 되는가(cognitively disposed)라는 질문에 답하려는 것으로, 주류이론이 강조하는 권력의 분포나 이익의 계산으로 환원될 수 없는 주체의 관념(idea)이 갖는 역할에 주목하는 것이다. 이 입장은 기존의 수동적인 행위자 개념에서 탈피하여 행위의 주체가 구조적 영향을 조절할 수 있는 것으로 간주하며, 특정 국가의 외교정책은 체제의 상황과 그 변화를 정책결정자가 어떻게 이해하고 대응하는가에 따라서 달라진다고 본다.

이와 같은 논의는 주체-구조 문제에 이어 구성주의의 또 하나의 쟁점인 관념과 이익의 문제로 이어지고 있다. 즉 구성주의가 주목하는 관념적 요인과 합리주의가 강조해 온 이익의 요인이 어떻게 연결되어 있는가 하는 것이다. 이는 동양철학의 도기론의 논쟁에서처럼

Littlefield, 2007.

8. W. Carlsnaes, "The Agency-Structure Problem in Foreign Policy Analysis," *International Studies Quarterly*, 36, 2, 1992.

쉽게 해답이 찾아질 수 있는 것은 아니나, 두 변수가 별개의 독립적인 변수가 아니라 관념이 이익을 구성하고 있는 의미 있는 요소라는 선에서 의견 수렴이 이루어지고 있는 것으로 보인다. 국가이익(national interest)에 대한 구성주의적 해석은 이러한 측면의 대표적인 사례라고 하겠다. 즉 이익의 내용이 무엇인가, 이익을 누구와 공유할 것인가, 이익의 추구를 위하여 어떠한 수단을 사용할 것인가를 결정하는 것은 상당한 부분 관념적인 고려에 의한다는 것이다.[9]

칼스네스는 조지(George)와 코헤인(Keohane)의 주장을 인용하면서 국가이익에 대하여 다음과 같이 설명하고 있다.

> 그들은 이익이란 맥락하에서의 가치의 적용으로 이해될 수 있으며, 가치는 연관되어 있는 사람들에 의해 비쳐지는 상황의 견지에 의해서 적용된다고 주장한다. 정책결정자들에 의해서 사용될 때 '국가이익'이란 어구는 이와 같은 이익들의 배경에 존재하는 가치들 사이에서의 하나의 선택을 뜻한다. 그들의 요점은 중요한 의미에서 '가치'가 (정책결정자에 의해서 표현되는) 외교정책의 이익을 결정하는 것으로 이해될 수 있다는 것이다. 왜냐하면 그와 같은 이익이 그 맥락에서 가치가 취하는 형태에 해당하거나, 혹은 그들 뒤에 가치가 숨어 있기 때문이다.[10]

관념이 정책에 미치는 영향에 대해서는 좀 더 구체적인 연구가 이루어져 왔다. 비단 국제정치학뿐만 아니라 20세기 말 사회이론의 전반에 있어서 문화나 정체성과 같은 관념적 변수에 대한 논의의 부활은 이전의 영역 구분을 넘어서 주류이론과 비판이론 모두에서 나타

9. 예를 들어 특정한 국가에 대한 군사적 개입이 중요한 국가이익의 문제로 간주된다거나, 미국의 대 유럽 인식과 대 제3세계 인식 사이에 차이가 존재한다거나, 소위 문명국들이 핵이나 화학무기 사용을 금기시 한다거나 하는 문제들은 물질적인 차원만으로는 설명이 힘들다고 할 수 있다.

10. W. Carlsnaes, *Ideology and Foreign Policy: Problems of Comparative Conceptualization*, Basil Blackwell, 1986, p. 90.

났다. 관념적 요인은 물질적인 구조와 제도적인 기제의 영향하에서 분명한 자신의 정책적 변수로의 영향력을 가지며 다만 어느 정도(how much)의 여부가 문제라고 지적되고 있으며, 어떠한 특정한 조건들 아래서 관념 변수는 좀 더 중심적이고 구체적인 역할을 수행하게 되는 것으로 보인다.[11] 거시경제정책 결정에 있어서 케인스주의(Keynesianism)의 영향력은 그 전형적인 예일 것이다.[12]

골드스타인(Goldstein)과 코헤인(Keohane)은 관념을 개인(들)이 보유한 신념(들)이라고 정의하면서, 관념이 외교정책과 연결된 정치적 결과에 영향을 미치는 과정을 분석하고 있다. 그들은 정책적 관념의 유형을 세계관, 원칙적 신념, 인과적 신념으로 분류하고, 이들은 이정표의 제공, 조율을 담당하는 초점의 기능, 또는 제도화의 과정을 통해서 외교정책 결정과정에 영향을 미치게 된다고 본다.[13] 이(Yee)는 정책에 대한 관념의 영향을 다루는 접근법을 행태주의, 제도주의, 담론분석의 세 가지로 나누고 각각의 한계를 지적한다. 그는 행태주의자들과 제도주의자들이 해석적인 이해와 간주관적인 의미, 그리고 담론적인 관습의 문제에 좀 더 큰 관심을 기울이고, 담론분석가들이 관념의 인과적인 영향에 대해 좀 더 면밀한 주의를 기울인다면 각각의 입장들이 좀 더 유용한 대화를 할 수 있을 것이라고 보고 있다.[14]

관념적 요인의 영향에 대한 핵심적인 논점 중의 하나가 그 경험적 검증의 문제라는 점에서 이는 방법론적인 논의와 연결된다. 웬트는 이에 관해 과학적 실재론(scientific realism)과 구조적-역사적 분석

11. C. Parsons, "Showing Ideas as Causes: The Origins of the European Union," *International Organization*, 56, 1, 2003.
12. P. Hall, ed., *The Political Power of Economic Ideas: Keynesianism across Nations*, Princeton University Press, 1989.
13. J, Goldstein and R. Keohane, eds., *Ideas and Foreign Policy: Beliefs, Institutions, and Political Change*, Cornell University Press, 1993, ch. 1.
14. A. Yee, "The Causal Effects of Ideas on Policies," *International Organization*, 50, 1, 1996.

(structural-historical analysis)의 방법을 제시하고 있다.[15] 과학적 실재론은 비가시적인 변수에 존재론적인 의미를 부여하고 그에 대한 과학적 추론의 가능성을 인정한다. 구조적-역사적 분석이란 인과적 힘이나 관습, 그리고 국가들이 이익을 정의하는 방식에 대한 '추상적인' 분석과 특정한 사건에 이르게 되는 인과적으로 중요한 국가들의 선택과 상호작용의 진행과정을 추적하는 '구체적인' 분석의 결합을 의미한다. 이러한 방법론을 사용하는 구성주의자들은 자신의 작업을 성찰적인 동시에 실증적인 과학으로 간주하는 것이다.

웬트는 최근 과학철학의 문제에 좀 더 관심을 기울이면서 이른바 '정신-육체의 문제(the mind-body problem)'를 제기하고 있다. 그는 이 문제를 '어떠한 방법을 통해 현실이란 궁극적으로 물질적인 것이라고 가정하는 근대의 과학적 세계관과 일치하는 방식으로 정신의 존재와 작동을 설명할 수 있는가'에 대한 것이라고 정의한다. 그리고 그 해결을 위한 모색으로서 뉴턴적 패러다임과 대립관계에 있으면서도 불확정성의 인식을 바탕으로 이를 포괄할 수도 있다고 보는 양자이론(quantum theory)의 내용을 바탕으로 한 인간과 사회에 대한 새로운 모델을 제시하려 한다.[16]

사회과학에서의 '과학적' 방법론에 대한 논쟁은 새로운 것이 아니다. 영국의 철학자 홀리스(Hollis)와 정치학자 스미스(Smith)는 그들의 공저를 통해 설명과 이해의 방식의 차이점과 연결 가능성을 탐색한 바 있다.[17] 그들은 자연적인 사건들과 사회적인 행위의 차이점은 후자가 의미(meaning)를 포함하고 있다는 점이라고 말하고, 사회적 삶

---

15. Wendt, 1987.

16. A. Wendt, "Social Theory as Cartesian Science: An Auto-critique from a Quantum Perspective," S. Guzzini and A. Leander, eds., *Constructivism and International Relations: Alexander Wendt and His Critics*, Routledge, 2006.

17. M. Hollis and S. Smith, *Explaining and Understanding International Relations*, Clarendon Press, 1990

에서 경험, 언어, 행위의 맥락, 그리고 관념이 갖는 중요성을 지적한다. 그리고 그들은 행태주의가 관심을 갖는 인과적 법칙과 해석학이 주목하는 사회적 규칙을 구분하고, "사회의 과학이란 사회적 행동의 해석적인 이해를 목표로 한다"라는 베버(Weber)의 말을 인용하면서 자연과학에 적합한 인과적 설명에 더해서 사회과학에 적합한 이해(Verstehen)의 필요성을 강조하고 있다.

홀리스와 스미스는 설명이 실질적인 원인을 판별해 내는 것이라면 이해는 가능한 이유들을 찾아보는 것이라고 말한다. 그들은 베버가 이야기한 인과적 수준과 의미의 수준을 모두 만족시키는 분석의 방법으로 설명적 이해(explanatory understanding)라는 개념을 동원하고 있다. 여기서 설명적 이해란 (사회적) 행동의 원인으로 적절한 '의미의 복합체'를 발견해 내는 것이라고 지적되며, 베버에 따르면 이는 역사적, 사회학적, 그리고 이념형적인 방식으로 이루어질 수 있다고 이야기된다. 홀리스와 스미스는 한 국가의 외교정책 행태는 권력을 가진 개인적 행위자가 상황을 어떻게 인식하고 분석하고 있는가에 달려 있다고 보고, 정책결정자의 입장에서 그들의 정책결정의 이유를 재구성함에 의해서 그 결정을 이해할 필요가 있다고 생각한다. 이와 같은 입장은 이 책의 2장에서 서술될 정치심리학적인 학제적 접근과 연관되고 있다.

맥더모트(McDermott)는 우리를 둘러싼 세계에 대한 면밀한 묘사는 정치학과 심리학 사이의 긴밀하고 다양한 방식의 연계를 보여주고 있다고 지적하면서, 두 분야 사이의 학제적 접근의 의미를 강조한다.[18] 그는 이러한 접근이 유용성을 가질 수 있는 주제로서 정치적 리더십, 정치적 판단과 결정과정, 여론과 투표행태, 행동에 대한 감정의 영향, 개인적 과정과 집단 행위 사이의 상호작용, 사회에서의 중

18. R. McDermott, *Political Psychology in International Relations*, The University of Michigan Press, 2004.

심적 가치의 형성과 유지 등을 드는데, 특히 국제관계 연구에 대한 사회·인지 심리학의 적용에 강조점을 중점을 두고 있다.

맥더모트는 행위자의 특정한 신념, 희망, 공포, 그리고 기대 등의 요인을 포함한 맥락적인 반응에 대한 관심은 풍부함보다는 엄격함을, 그리고 깊이 있는 서술보다는 간결함을 선호하는 이론적 패러다임에는 어울리지 않을지도 모른다고 말한다. 하지만 비록 이러한 과정지향적 설명(process-oriented explanation)이 일반화되기는 힘들다고 해도 인간의 선택의 결정과정에 만연하는 불연속성에 대한 분석의 필요성을 무시하지는 못한다는 것이다. 이와 같은 방법론적 문제의식은 국제정치이론에 있어서 합리주의와 구성주의의 논쟁과 유사점을 갖는다. 그녀는 정치적 분석에 있어서 정치심리학과 구성주의 사이의 상호보완성을 다음과 같이 이야기한다.

> 정치학 일반, 그리고 특히 국제관계학에 있어서의 많은 현재의 논쟁들은 합리적 선택의 주창자들과 구성주의 이론가들 사이의 논쟁이다. 심리학 모델은 구성주의적 분석과 다양하고 중요한 점에서 차이가 있다. 몇몇 심리학자들이 특정한 현상에서의 문화적 다양성에 관심을 갖고 있기는 하지만 대부분의 인지, 사회심리학자들은 인간 조건의 보편적인 측면들을 발견하고 설명하려고 노력한다. 이것이 심리학 모델과 구성주의 모델이 반목적일 필요가 있다는 것을 의미하지는 않는다. 그 반대로 두 모델은 서로 다른 분석 수준에서 인간의 동기와 행태에 대한 합리주의적 해석을 반박하는 증거들을 제공하고 있다. 정치심리학은 선호의 기원이나 정책결정의 틀, 커뮤니케이션에 있어서 신호의 속성, 호전성에 대한 자극의 영향 … 등등의 중요한 주제들의 이해를 위한 미시기반적 토대를 제공할 수 있다. 구성주의자들은 그러한 역동성에 관하여 사회학적이고 문화적인 차원에 대한 이해를 부가적으로 구축할 수 있을 것이다.[19]

19. McDermott, 2004, p. 13. 그녀는 정치심리학이 주로 사회심리학이나 인지심리학의 이론을 차용한다고 지적하고, 대표적인 이론으로 귀속(attribution), 판단해석

합리주의 모델과는 달리 정치심리학적 접근은 정책결정자를 인지적, 정서적 이유로 말미암아 비합리적일 수도 있는 대상으로 간주하며, 사고나 오식, 그리고 감정이 국가 간의 갈등으로 이어질 수 있는 가능성을 고려하고 있다. 또한 구조주의적 시각과는 달리 개별 행위자가 세계사의 전개나 정치적 사건의 결과에 대해 중요한 영향을 미칠 수 있다고 보고 개인과 상황의 상호작용 맥락에 주목한다. 따라서 이러한 정치심리학적인 학제적 접근의 모색은 위에서 논의된 주체-구조의 문제와 물질과 관념의 문제에 대한 통합적인 고찰의 일단에 해당한다고 할 수 있을 것이다.

외교정책 연구에 관련된 또 하나의 중요한 방법론적 논쟁의 주제는 국제정치학적 접근법과 외교사적인 접근법 사이의 차이점과 소통 가능성에 대한 것이다. 정치학과 역사학 사이의 학문적 협력의 문제는 많은 학자의 토론의 장이 되어 왔다. 최근의 논의에서 레비(Levy)는 두 분야 사이의 차이점에 대한 전통적인 견해를 다음과 같이 소개하고 있다.

> 비록 각각의 분야가 매우 광범위한 범주의 연구들을 포괄하고 있고, 각 영역의 초점과 방법론이 시간에 따라 의미 있게 변화되어 왔지만, 두 분야의 서로 다른 '정체성'을 가장 잘 정의하는 기준은 사례 중심의 정향과 이론 중심의 정향 사이의 전통적인 차이의 형태이다. 즉 역사학자들의 주된 목표는 개별적인 사건 혹은 시기적, 공간적으로 제한된 일련의 사건들을 기술하고, 이해하고, 해석하는 데 있는 반면, 정치학자들의 주된 목표는 변수 사이의 관계를 일반화하고, 가능한 정도까지 사회적 행위에 대한 법칙적인 주장을 구성하는 데 있다 …
>
> 이와 같은 사례 중심적/이론 중심적 구분은 두 영역 사이의 차이점을 파악하는 다른 많은 기준의 기초가 되고 있다. 그것들은 간결한 설명이

(judgemental heuristics), 그리고 전망이론(prospect theory) 등을 들고 있다. McDermott, 2004, p. 50.

갖는 가치, 1차 자료의 중요성, 예측과 정책적 의미가 갖는 가치, 일반적인 법칙의 가능성, 이론적 일반화를 제한하는 영역 조건의 속성, 이론의 영역을 정의하는 영역 조건의 서로 다른 형태, 그리고 사회적 설명에 있어서의 총괄적 법칙의 역할 등을 포함한다.[20]

하지만 레비는 역사학이 정치학과는 달리 이론을 결여하고 있다는 지적에는 찬성하지 않으며, 두 분야는 단지 이론을 다른 방식으로 사용하고 있는 것이라고 주장한다. 다시 말해서 이론은 사회적 행위의 일반화된 유형을 설명하는 것에도 사용될 수 있으며, 특정한 사례나 일련의 사건의 해석을 유도하는 것에도 사용될 수 있다는 것이다. 그는 정치학자들과 역사학자들은 좀 더 일반화된 유형의 경우와 마찬가지로 단일 사례의 연구에 있어서도 학자들의 이론적 전제가 그들이 던지는 질문과 그들이 활용하는 자료, 그리고 그들이 구성하는 설명에 따라 달라진다는 점에 동의한다고 지적하고 있다. 이어서 레비는 '사실과 이론의 상호작용은 국제정치 연구의 핵심적 특징이 되어 왔으며, 사회적 행위는 그것이 간주관적으로 공유된 이해에 기반하고 있더라도 객관적으로 관찰될 수 있다'라는 하버(Haber), 케네디(Kennedy), 크래스너(Krasener)의 주장을 원용하면서 역사학과 정치학의 협력을 통한 국제정치 연구의 의미를 강조한다.[21]

그에 따르면 다른 목적을 갖는 역사학자와 정치학자들은 서로의 작업에 주목함으로써 다음과 같이 그 목적들의 성취에 각기 도움을 얻을 수 있다는 것이다.

---

20. J. Levy, "Explaining Events and Developing Theories: History, Political Science, and the Analysis of International Relations," in C. Elman and M. Elman, eds., *Bridges and Boundaries: Historians, Political Scientists, and the Study of International Relations*, The MIT Press, 2001, p. 41.
21. Levy, 2001, p. 54.

> 그들의 해석의 기초가 되는 분석적인 가정들과 인과적인 제안들에 대해 좀 더 많은 관심을 기울이는 것은 역사학자들로 하여금 그와 같은 해석의 이론적 일관성을 향상시키고 그들의 주장에서 논리적인 모순점을 제거하는 데 도움을 준다.
>
> 유사하게 역사적인 맥락에 좀 더 많은 관심을 기울이는 것은 정치학자들로 하여금 그들의 이론적인 개념을 위해 좀 더 적절한 지표들을 만들어 내고, 그들의 일반화가 해당되는 공간적이고 시간적인 영역을 인식시키고, (이는 그들의 이론을 위한 분석적인 영역조건들을 명확하게 하는 것이다) 조건적인 일반화를 발전시키는 것을 용이하게 하는 데 도움을 준다.[22]

베넷(Bennett)과 조지(George)는 다음과 같이 역사학자들과 정치학자들이 협력할 수 있는 방법에 대해 좀 더 구체적인 제안을 하고 있다. 그들은 서로에게 관심을 갖는 역사학자들과 정치학자들 사이의 공통적인 중간지대를 다음과 같은 세 가지의 유형으로 설명한다.

> 인식론적인 중간지대는 인과적인 기제(mechanism)와 인과적인 영향(effect)이 모두 인과적인 설명에 있어 핵심적이라는 주장으로 이루어진다. 방법론적인 중간지대는 역사적 사례의 가설화된 인과적 기제를 판별하고 테스트하는 데 있어서 과정추적(process tracing) 방법의 사용이다. 이론적인 중간지대는 유형이론(typological theory)에 중점을 둔다. 이러한 이론들은 공통적인 귀결(equifinality), 경로 의존(path dependence), 상호작용 효과(interaction effects), 그리고 비선형적 관계(nonlinear relations) 등을 포괄할 수 있다.[23]

베넷과 조지는 서로 다른 배경을 명백하게 제시하는 조건적인 일

22. Levy, 2001, p. 82.
23. A, Bennett and A. George, "Case Studies and Process Tracing in History and Political Science: Similar Strokes for Different Foci," in Elman and Elman, 2001, p. 165.

반화를 포함하고 있는 유형이론은 명료한 일반이론과 특정한 사건에 기반한 풍부한 설명 사이의 중간지대를 제공하고 있으며, 대안적인 경로를 보여주는 과정추적 방법을 사용한 비교사례연구를 통해서 더욱 발전되고 정교해질 수 있다고 주장한다.[24] 그들은 역사학자들이 그들의 사례를 설명하는 데 있어서 어떠한 증거를 찾고 어떠한 이론을 암묵적, 혹은 명시적으로 사용할 것인가를 결정하는 데 있어서 정치학자들의 유형이론을 지속적으로 참조하고, 또 한편으로는 정치학자들의 사례연구가 중요한 변수를 누락하거나 역사적 기록을 적절하게 사용하지 못할 때는 그를 지속적으로 비판해 주기를 희망한다. 결국 유형이론을 매개로 해서 역사학자들의 이론화에 대한 공헌과 정치학자들의 역사적 복잡성에 대한 고려가 연결될 수 있다는 것이다.[25]

이와 같은 정치학과 역사학의 협력을 통한 보편과 특수의 연결 노력은 한국 국제정치학계에서도 지속적으로 강조되어 왔다. 하영선, 김영호는 국제정치학과 한국외교사 사이의 공동 연구 필요성을 강조하는 논문에서 다음과 같이 말하고 있다.

> 국제정치 공간에서 작동하고 있는 행위 주체들은 사실상 그 국력이나 역할에 의해 각각 겪고 있는 현실이 다르다. 그럼에도 불구하고 국제정치이론은 강대국의 이해관계를 반영하는 경우가 대부분이어서 추상적인 차원에서 모든 국가들에게 생존의 원칙 같은 것을 제공해 줄 수는 있다. 그러나 이러한 원칙이 한국외교사의 경우처럼 구체적인 시공간에서 실제적으로 작동할 때에는 일정 부분 변용될 수밖에 없다. 세계적인 수준에서 국제정치학적 원칙이 있다고 해도 동아시아 지역에 들어오면서 변

24. 유사한 취지에서 스나이더(Snyder)는 특정한 사례에 대한 세부적 이해를 손상시키지 않으면서도 그것을 연역적인 주장으로 명제화할 수 있다고 지적하면서 사례연구와 이론연구의 연결 가능성을 강조한 바 있다. J. Snyder, "Richness, Rigor, and Relevance in the Study of Soviet Foreign Policy," *International Security*, 9, Winter 1984/1985.

25. Bennett and George, 2001, p. 166.

모가 이루어지게 마련이고, 시간의 흐름에 따라 역사적 변형을 거치게 되므로, 자연과학적 공식처럼 기계적으로 적용될 수 있는 부분은 대단히 제한되어 있다. 원칙과 예외, 현실주의와 자유주의 등이 어떻게 배합되어 재구성되느냐 하는 설명은 한국외교사 없이는 곤란하다. 따라서 국제정치학의 보편성은 한국외교사의 구체성과 만날 때 훨씬 생동감 있는 분석과 실효성 있는 전망을 일구어 낼 수 있다. 따라서 한국국제정치학이 구미국제정치학의 추상론에 그치지 않는 유용한 이론을 발전시키기 위해서는 한반도에서 주체와 구조가 형성되고 상호작용하는 과정을 역사적으로 살펴보아야 한다. 이러한 작업은 한국외교사를 통해서만 가능하다.[26]

이러한 통합적인 관점에 대한 강조는 이론적인 측면과 방법론적인 측면과 더불어 연구논문의 서술 측면에 있어서도 이루어지고 있다. 베이츠(Bates)는 '분석적 담화(analytic narrative)'라는 용어를 통해 사회과학적 분석과 역사학적 담화를 다음과 같이 연결시킨다.

우리는 우리의 접근법을 분석적 담화라고 부른다. 왜냐하면 이것은 경제학이나 정치학에서 보통 사용되는 분석적인 도구와 역사학에서 좀 더 보편적으로 사용되는 담화의 형태를 결합시켰기 때문이다. 우리의 접근법은 이야기와 보고, 그리고 맥락에 면밀한 주의를 기울인다는 점에서 담화이다. 또한 우리의 접근법은 해설과 설명을 동시에 용이하게 하는 명백하고 공식적인 추론의 형태를 끌어낸다는 점에서는 분석에 해당한다.[27]

그는 담화의 해석은 다음과 같은 질문에 의해 비판적 평가의 대상이

26. 하영선·김영호, 「한국외교사와 국제정치학: 한국국제정치학 바로 세우기」, 하영선·김영호·김명섭 편, 『한국외교사와 국제정치학』 성신여자대학교 출판부, 2005, pp. 22-23.

27. R. Bates, et. al., *Analytic Narratives,* Princeton University Press, 1998, p. 10.

되어야 한다고 본다. 즉 가정은 사실에 부합되는가?, 결론은 전제에 따르고 있는가?, 담화의 함의는 자료에 의해 뒷받침 되는가?, 그것은 다른 설명과의 비교를 얼마나 잘 감당하고 있는가?, 그 설명은 얼마나 일반적인가? 등이 그 질문이다.

위에서 논의된 이론적, 방법론적 쟁점은 국제정치학과 외교정책 연구에 있어서 몇 가지의 구분과 그들 사이의 통합적 노력의 모습을 보여준다. 홀리스와 스미스는 한편은 전체적 접근과 개별적 접근으로, 다른 편은 설명의 방식과 이해의 방식으로 구분되는 2×2 행렬을 제시하고, 외부적 구조(전체적-설명), 집합적 규칙(전체적-이해), 합리적 선택(개별적-설명), 그리고 이유 있는 선택(개별적-이해)을 다루는 국제정치학의 네 가지 이론군을 비교하고 있다.[28] 칼스네스는 이와 유사하게 존재론적 차이에 따른 전체주의와 개체주의, 그리고 인식론적 차이에 따른 객관주의와 해석주의의 구분에 따라 외교정책분석의 네 가지 접근법을 제시하는데, 구조적 시각(structural perspective), 사회제도적 시각(social-institutional perspective), 주체적 시각(agency-based perspective), 해석적 행위자 시각(interpretative actor perspective)이 그것이다.[29] 이들 세 학자의 공통점은 각 입장 사이의 구분이 아니라 서로 다른 접근법 간의 소통의 측면을 강조한다는 점이다.

이 연구는 외교정책론 연구가 궁극적으로 모든 수준의 정치학을 연관시키는 가교적 분야라는 로즈노우의 말에 동의하면서,[30] '이유 있는 선택'과 '해석적 행위자 시각'에 상대적으로 중점을 두어 냉전기 한국의 대미정책을 분석하고자 한다. 이는 이론적으로는 구조보다는 주체에, 체제의 수준보다는 정책결정자의 수준에, 물질적 요인보다는

---

28. Hollis and Smith, 1991, p. 215.
29. W. Carlsnaes, "Foreign Policy," in Carlsnaes, et. al. eds., *Handbook of International Relations*, Sage, 2002, p. 336.
30. B. Ripley, "Psychology, Foreign Policy, and International Relations Theory," *Political Psychology*, 14, 3, 1993, p. 404.

관념적 요인에 주목하면서, 성향적 차원에 대한 정치심리학적인 고찰을 하는 것을 뜻하며, 방법론적으로는 설명의 방식과 이해의 방식, 그리고 국제정치학적 분석과 역사적 담화 사이의 연결을 도모하는 것을 의미한다고 할 것이다.

Ⅱ. 개념과 변수

1. 순응, 저항, 구성

이 연구는 한미동맹이라는 비대칭적 관계 내에서 하부단위인 한국의 대미정책을 그 고찰의 대상으로 한다. 한국의 외교정책을 설명하기 위한 분석틀의 모색은 단절적이기는 하나 꾸준히 계속되어 왔다.[1] 이는 주로 기존의 이론과 개념을 한국에 적용시켜 보거나, 아니면 약소국 외교정책론이라는 범주를 통해 한국의 사례를 검토하려는 방식으로 진행되었다.[2] 하지만 한국의 대외관계에서 가장 중요한 환경요인인 한미동맹관계, 또는 그 내부에서 한국의 대미정책을 체계적으로 다룰 수 있는 개념이나 틀은 상대적으로 부족한 것으로 보인다. 여기에서는 기존의 동맹이론으로 한미관계를 설명하는 데 있어서 나타나는 문제점을 생각해 보고 비대칭적인 쌍무동맹 내에서의 한국의 정

1. 하영선, 「한국외교정책 분석틀의 모색」, 『국제정치논총』 28, 2, 1988을 참조할 것.
2. 이범준·김의곤 공편, 『한국외교정책론: 이론과 실제』 법문사, 1993, 제4장 「한국외교정책의 분석틀」; 이석호, 「약소국 외교정책론」, 이상우·하영선 공편, 『현대국제정치학』 나남, 1992를 볼 것.

책 분석을 위한 몇 가지 개념을 고려해 보고자 한다.[3]

한미안보관계의 분석에서 중요한 것은 기본적으로 현실주의적 시각에 기반하는 동맹이론의 일반적인 논리와 한미동맹이 보여주는 특수성 사이에 존재하는 상충적인 측면을 어떻게 담아낼 수 있는가 하는 점이다. 무정부적인 국제체제에서 국가들의 안전과 생존을 보존하고 세력균형을 이루어 내는 수단으로서의 동맹에 대한 연구는 주로 동맹이 형성되고 와해되는 이유와 동맹의 응집력과 효율성을 좌우하는 요인, 그리고 동맹이 갖는 연속성과 변화의 유형에 대한 논의를 중심으로 이루어졌다. 한국의 학자들은 이러한 이론적 검토를 한미동맹의 사례에 적용하여 한편으로는 한미동맹의 형성과 유지, 그리고 발전의 문제를, 그리고 다른 한편으로는 한미동맹의 목적과 유형, 그리고 한미 양국 사이의 갈등과 신뢰의 문제를 다루어 왔다.[4]

하지만 한미동맹의 외부적 환경과 더불어 한미동맹의 내부적 역동성을 구체적으로 고찰하기 위해서는 동맹게임과 비대칭적 동맹에 관한 이론적 논의를 검토할 필요가 있다. 동맹연구 중에서 동맹국 사이에서의 역학을 다루는 작업이 많지 않다는 점에서 방기(abandonment)와 연루(engagement)의 문제를 중심으로 한 스나이더(Snyder)의 동맹게임의 분석은 큰 의미를 갖는다. 그는 국제정치의 안보딜레마의 상황을 군비게임, 적대게임, 동맹게임의 세 가지로 분류하고, 상대적으로 덜 중요시 되었던 동맹게임을 재조명하면서 다극과 양극체제에서 동맹게임과 적대게임의 상호작용을 분석하고 있다.[5]

다극체제의 동맹게임은 두 단계로 이루어지며 첫 단계는 n명의 수인의 딜레마 게임의 논리를 따른다. 동맹이 결성된 이후에 나타나는

3. 신욱희, 「한미동맹의 내부적 역동성: 분석틀의 모색」, 『국가전략』 7, 2, 2001을 참조할 것.

4. 김계동, 「한미동맹관계의 재조명: 동맹이론을 분석틀로」, 『국제정치논총』 41, 2, 2001; 김우상, 「한미동맹의 이론적 재고」, 『한국과 국제정치』 20, 1, 2004를 볼 것.

5. G. Snyder, "The Security Dilemma in Alliance Politics," *World Politics,* 36, 4, 1984.

두 번째 단계의 동맹게임은 동맹에 협조하는 것과 비협조하는 것 사이의 딜레마에 해당하는데, 국가들은 어느 쪽을 선택하게 되더라도 좋은 결과와 나쁜 결과를 모두 얻게 된다. 동맹 내에서 국가들은 방기와 연루를 피하려 하는데, 한 국가가 동맹에 협조하면 방기의 위험을 줄일 수 있지만 연루의 위험은 늘어나게 되며, 비협조 할 경우에는 반대의 결과를 낳는다. 또한 일방적인 협조는 동맹국에 대한 협상력을 낮출 수 있고, 동맹을 재정립하는 데 있어 선택권을 제한시킬 수 있으며, 대항동맹으로부터의 위협을 증대시키는 결과를 가져온다.

동맹의 안보 딜레마에서 국가의 선택을 결정하는 요인 중 첫 번째는 동맹국 사이의 상대적 의존도이다. 한 국가가 더 의존적이고 상대방이 덜 의존적일수록 방기의 위험과 비용이 연루의 경우보다 더 커질 가능성이 많다. 두 번째 요인은 서로를 방어하는 것에 대한 전략적 이익의 정도이다. 전략적 이익은 위기 시의 직접적 방어가 아닌 평시의 간접적 방어에 관련된 것인데, 이러한 간접적 방어에서 오는 이익이 크고 상대방은 그렇지 않을 경우 방기에 대한 두려움이 커지게 된다. 세 번째 요인은 동맹협정의 명시성이다. 이것이 모호할수록 방기의 두려움은 커지지만, 모호한 협정은 동맹에 포괄적 의무를 지워 행동을 제약하는 역할을 할 수도 있다. 네 번째 요인은 적에 대항하는 것에 대한 이익 공유의 정도이다. 이 요인은 방기와 연루의 위협에 모두 영향을 미쳐 이익 공유가 클수록 두 위협은 모두 줄어들게 된다. 마지막 요인은 자국과 상대방이 행한 과거의 행태인데, 이 요인은 위의 네 가지 상황적 요인에 보완적으로 사용되어 국가의 행동을 더욱 정확하게 예측할 수 있도록 한다.

동맹게임의 딜레마는 방기와 연루의 위험 사이의 긴장에서 오는 것이기 때문에 방기의 위험이 상대적으로 적은 양극체제에서는 동맹의 딜레마가 약해지고 적대게임의 딜레마가 강해지게 된다. 다극체제와는 달리 동맹의 구성국들은 동맹게임의 부작용에 크게 신경 쓰지 않고 적대게임의 딜레마에 대처할 수 있는 것이다. 하지만 동맹게임의 딜레마가 완전히 없어지는 것은 아니며, 방기에 대신하는 정치적, 군사적 조치가 등장할 수 있다. 공동관리, 중립화, 혹은 긴장완화 등이 정치적인 예라면, 군사적 예로는 동맹국 군대가 부분적으로 철수하는 것을 들 수 있다. 데탕트와 탈냉전의 시기는 이와 같은 동맹게임의 딜레마가 재등장하거나 강화되는 계기를 제공하게 되는데, 이는 한미동맹의 사례에서도 마찬가지였다.

동맹을 맺는 국가가 모두 비슷한 능력을 가진 것은 아니다. 특히 양극체제나 일극체제에서의 동맹은 사실상 능력이 서로 상이한 국가들 사이에서 맺어지게 되며, 한미동맹은 이러한 비대칭적 동맹의 전형적인 예라 할 것이다. 모로우(Morrow)의 연구는 동맹관계의 역동성을 이러한 비대칭적 모델을 중심으로 설명하려 했다는 점에서 중요한 의미를 갖는다. 그의 논문은 동맹을 이루는 국가가 하나의 동맹으로부터 모두 안보를 제공받는다고 가정하는 능력결집모델(capability aggregation model)과는 달리 한 국가는 동맹으로부터 자율성의 이득을 얻고 다른 국가는 안보의 이득을 얻게 되는 이른바 안보-자율성 교환모델(autonomy security trade-offs model)을 제시하고 있다.[6]

모로우는 다음과 같은 세 가지 가설을 제시하고 그를 경험적으로 입증함으로써 자신의 대안적 모델의 적실성을 보여주려고 한다. 첫 번째, 비대칭적 동맹은 대칭적 동맹에 비해 형성되기 쉽고 오래 지속될 것이다. 두 번째, 동맹의 유형에 관계없이 각 국가의 능력 변화가 클수록 그 동맹은 깨어지기 쉬울 것이다. 세 번째, 준 강대국은 그들의 능력이 증대되면 비대칭적 동맹을 형성할 확률이 높아지게 될 것이다. 하지만 그의 안보와 자율성의 상호교환과 그 변화에 대한 예측은 한미동맹의 사례에 있어서는 차별적인 모습을 보여준다. 즉 동맹

6. J. Morrow, "Alliances and Asymmetry: An Alternative to the Capability Aggregation Model of Alliance," *American Journal of Political Science*, 35, 4, 1991.

의 하위에 있는 국가의 국력 증대나 대외적 환경의 변화가 동맹 내부의 안보협력 방식의 재편과 하부단위의 자율성 증대로 즉각적으로 이어지지 않는 경우에 대한 고려가 필요하게 되는 것이다.

장노순은 그의 논문에서 이와 같은 한미동맹의 특수성을 고찰하고 있다. 그에 따르면 한국의 군사력은 크게 증강되었고, 경제력의 향상이 그에 뒷받침이 되어 왔다. 그리고 북한을 제외하고는 동북아에서 한국과 적대적인 국가는 존재하지 않는다. 이러한 한국의 변화와 대외적 환경은 한미동맹에서 한국의 자율성을 향상시킬 수 있는 요인으로 작용할 것으로 예상되나 이는 다음과 같은 이유에서 기대만큼 이루어지지 못하고 있다. 첫째, 미국의 군사력에 대한 절대적 의존성과 관련하여 한국의 무임승차 가능성이 현저하게 낮아졌고, 미국으로부터의 안보제공에 따르는 비용을 다양한 형태로 지불하지 않으면 안 되게 되었다. 둘째, 미국에 대한 안보의존성은 크게 완화되지 않았으며, 이는 한국의 지도자와 국민들의 인식과 동아시아의 경쟁적 구도에 기인한다. 셋째, 한반도 통일과정에 있어서 미국의 역할이 크다는 점이다. 통일을 위해 한국이 단독으로 결정하고 실행할 수 있는 정책과 수단이 많지 않기 때문에 미국의 지원 없이는 남북한 관계 개선도 용이하지 않은 상황인 것이다.[7]

이와 같은 분석을 통해 장노순은 한미동맹의 사례에 대해 다음과 같은 결론을 내린다.

> 비대칭적 안보동맹에서 안보와 자율성에 대한 상호교환성은 안보를 제공받는 국가에게 훨씬 불리하게 작용할 수 있다. 피후견국은 자체의 군사력과 경제력 수준이 크게 향상되고 외부환경이 유리하게 전개됨으로써 동맹국의 군사력에 안보의 의존 정도를 줄일 수 있다. 그러나 자국

7. 장노순, 「'교환동맹모델'의 비교환성: 비대칭적 한미안보동맹」, 『국제정치논총』 36, 1, 1996, pp. 96–98.

의 군사력으로 안보수준을 향상시킬 수 있는 여건을 마련했음에도 불구하고 의존도를 크게 해소시키지 못한 결과를 가져올 수 있다. 제로섬의 특징을 많이 내포하고 있는 민족 내 갈등에서 억지력을 강조하는 비대칭 안보동맹은 강대국의 안보제공이란 절대적인 영향력이 쉽게 약화되지 않을 수 있음을 보여준다. 즉 국제체제의 구조변화는 기존의 동맹관계를 유지하는 양식에서 변화를 초래할 수 있으나 피후견국의 자율성의 신장이 보장되는 것은 아니다. 한미안보동맹은 '교환동맹모델'에서 설명하는 안보와 자율성의 상호교환성이 효과적으로 역비례를 유지하기 어려운 사례이다.[8]

한미동맹의 사례에 있어 안보와 자율성 사이의 상호교환은 전쟁수행을 통한 작전권의 이양이라는 독특한 형태로 이루어졌다. 따라서 한미안보관계의 특수성에 대한 이해를 위해서는 단순한 권력분포나 안보적 환경뿐만이 아니라 그것이 갖는 비공식성과 위계성에 대한 검토가 병행되어야 하는 것이다. 한반도의 분단과 단독정부의 수립, 그리고 한국전쟁의 경로를 통해서 이루어진 한미동맹은 양국 간에 한국의 안보에 대한 분업구조를 만들어 냈으며 그 결과 한미안보관계는 현실주의의 기본 가정인 무정부성이 아닌 위계적인 성격을 가진 '비공식적 제국(informal empire)' 하의 '구멍 난 주권(perforated sovereignty)'의 특성을 갖게 되었다. 웬트(Wendt)와 프리드하임(Friedheim)은 소련-동독관계를 분석하면서 유사한 주장을 전개한다. 이들은 국제관계란 형식적인 평등과 실질적인 불평등으로 특징짓는다고 지적하면서 이러한 불평등관계는 물질적인 관계와 더불어 비공식적인 권위의 구조가 존재하는 사회적인 관계의 특성을 갖기도 한다고 말한다. 그들에 따르면 비공식적 제국은 무정부성하에서 실제로는 위계적인 통제의 법칙이 작용하는 초국가적 질서를 갖고 있다는

8. 장노순, 1996, p. 99.

것이다.[9]

인류학에서 처음 사용되었던 후견주의(clientelism)의 개념은 이러한 비공식적 관계를 고찰하는 데 있어 유용성을 갖는다. 아이젠스타트(Eisenstadt)와 로니저(Roniger)의 정의에 따르면 후견주의란 제도적 질서의 주요한 측면을 규정하는 하나의 특징적인 양식으로, 그를 통해 자원의 이전과 교환이 이루어지며 권력관계가 구조화되고 정당화되는 연계로서 기능하게 된다.[10] 후견-피후견 '국가'관계(patron-client state relationship)는 이러한 사회적 관계가 국제체제의 국가 사이에서 맺어지는 것을 의미한다. 이는 일차적으로는 후견국에서 피후견국으로의 안보 이전(security transfer)을 통해 형성되며 그 대가로 피후견국은 자신이 속한 안보체제에서 후견국이 바라는 역할을 수행하게 되는 것이다.[11] 이 관계는 공식적으로는 쌍무적, 혹은 다자적인 동맹의 구축을 의미하나 양자 간의 군사적 능력의 격차가 큰 비대칭적인 쌍무관계의 경우에 있어서는 실질적으로 피후견국의 안보에 대한 기능적 분업이 제도화되는 것을 뜻하게 된다.

후견-피후견 국가관계의 근원은 안보에 대한 위협상황의 존재이며 따라서 이 관계의 지속성과 범위는 우선적으로 안보적 위협의 성격과 정도에 따라서, 그리고 후견국의 능력과 신뢰도, 피후견국의 전략

---

9. A. Wendt and D. Friedheim, "Hierarchy under Anarchy: Informal Empire and the East German State," *International Organization*, 49, 4, 1995. 일반적인 국제정치의 맥락에서의 권위와 위계성에 대한 논의를 위해서는 D. Lake, "Escape from the State of Nature: Authority and Hierachy in World Politics," *International Security*, 32, 1, 2007을 참조할 것.

10. S. N. Eisenstadt and L. Roniger, "Patron-Client Relations as a Model of Structuring Social Exchange," *Comparative Study of Society and History*, 22, 1980.

11. 후견국은 이 관계를 통해 이와 같은 전략적 이득 이외에도 이념적인 동질성이나 정책적인 연대를 기대하게 된다. 후견-피후견 국가관계에 대한 개념적 설명을 위해서는 C. Shoemaker and J. Spanier, *Patron-Client State Relations*, Praeger Publshers, 1984, ch. 2를 볼 것.

적 가치에 따라서 변화한다. 안보적 후견주의가 정치적이거나 경제적인 요인과 직접적인 관련을 갖는 것은 아니지만, 이는 국가와 시장의 공식적인 논리로는 설명되지 못하는 권위적인 관계의 구축과 자원의 이동을 수반하는 것이 보통이다.[12] 또한 이 관계는 위기의 상황에서 가장 명확하게 정의되는 유동적인 속성을 가지며, 비대칭적인 구조 속에서도 각 국가가 상대방으로부터 가치 있는 양보를 얻어내려 하는 협상관계라고 할 수 있다.

하지만 후견주의의 모델은 기본적으로 주어진 환경 내에서의 국가 간의 특징적인 상호작용을 다루고 있기 때문에 단위 수준에 의한 체제 수준의 전환을 담을 수 있는 이론적 여지를 갖고 있지 못하다. 그러한 점에서 볼 때 1장에서 언급된 주체-구조 문제의 틀은 좀 더 탄력적인 존재론적 가능성을 제시하고 있다. 즉 이 논의는 의도적인 행위자와 체제의 구조를 상호 구성하는, 즉 서로에게 영향을 미치는 존재로 간주한다. 이에 따르면 각각의 주체들은 구조적 요인의 일방적인 대상이 아니라 내재적인 상호작용을 통하여 새로운 규범과 규칙을 창출할 수 있으며, 이는 구조적 특성을 제도화하거나 혹은 전환시키는 역할을 하게 된다.

이와 같은 입장을 외교정책의 논의에 반영해 본다면 해석적인 정책결정자의 구성적 역할에 대해 좀 더 많은 비중을 두면서 개체주의와 구조주의의 간극을 좁혀갈 수 있다. 즉 주체와 구조가 일정한 시간을 두고 서로에게 영향을 미치는 역동적인 과정을 중시하면서, 이전의 구조적 조건과 특정한 시점의 행위가 갖는 사후적 결과를 함께 고려하는 이중적이고 경로의존적인 접근법을 통해 한 국가의 대외정

---

12. 후견-피후견 국가관계 모델을 한미관계에 적용하고 그 정치경제적 의미를 검토한 예로 W. Shin, *Dynamics of Patron-Client State Relations: The United States and Korean Political Economy in the Cold War*, Americna Studies Institute, Seoul National University, 1993을 참조할 것.

책을 분석하는 것이다.[13] 이러한 방식은 특히 체제 변화의 시기에 있어 정책적 선택의 구체적인 사례에 대한 연구를 위해 사용될 수 있을 것으로 생각된다.

비대칭적인 한미동맹의 사례에 있어 주체성(agency)의 문제는 궁극적인 자율성 획득 이전에 위계적 질서하에서의 상대적인 자율성 증대에 대한 전략적 고려를 의미한다. 한국의 외교정책 논의에 있어 안보의 획득과 자율성(자주성)의 증대 사이의 조화 모색은 가장 중요한 주제가 되어 왔다. 하영선은 '종래의 친외세 종속이나 반외세 자주라는 경직된 대응 양식을 넘어서 어떻게 우리 나름대로의 대외 자율성을 높여갈 수 있을 것인가' 하는 것에 대한 성찰을 강조하였고,[14] 이석호는 다음과 같이 약소국 외교정책에서의 안보와 자주성 간의 관계 설정 문제를 설명하고 있다.

> 약소국의 경우도 그 (정치체제의) 목표는 1차적으로는 체제유지와 생존이며, 2차적으로 경제적 번영이다. 따라서 약소국 외교정책의 목표도 당연히 체제목표에 기여해야 하므로 기본적 목표는 국가안보 문제의 해결이며 2차적으로는 경제적 번영을 위한 경제협력의 증대일 것이다 …
>
> 여기서 우리가 지적해야 할 점은 약소국의 안보와 자주성의 관계를 어떻게 정의하느냐이다. 우리가 자주성의 상실을 바로 안보의 실패로 간주한다면 약소국 외교정책의 목표를 토의하는 일은 매우 간단하다. 즉 생과 사 둘 중의 하나이다. 그러나 실제로 약소국들은 강대국들과의 관계를 이런 식으로 생각하지 않는다. 약소국들은 스스로를 자신의 군사력으로 지킬 수 없다는 사실을 알고 있으므로 약소국들은 그 강대국으로부터 얼마만큼 독립적이며, 강대국으로부터 어떤 이득을 취할 수 있는가를 계산한다. 그리고 동시에 약소국들은 동맹체제 속에서나 상호관계 속에서 그들의 외교정책에 강대국의 간섭을 받아들이고 있다 …

---

13. Carlsnaes, 1992.
14. 하영선, 1988, p. 5.

> 약소국의 자주성과 안보문제의 관계를 이런 식으로 보지만 아래와 같은 중요사항을 우리는 간과해서는 안 된다. 오늘날 모든 국가는 민족국가로서 주권을 지키기 위하여 완벽한 정치적 독립성과 경제적 독자성을 주장하지 않는다. 국가들 간의 상호의존성은 국제적으로 인정되어 있으며 많은 국가가 과거에 누렸던 특권을 포기한다거나, 타국에 의한 대내외 정책의 부분적 간섭을 허용하면서 양자 간 또는 다자 간에 협력체제를 구성하고 있다. 그러나 역사적으로 단 두 분야에서만은, 즉 국방과 외교정책 분야에서는 모든 국가가 행동의 자유를 유지하려고 하였지, 정책결정과 집행을 타국이나 초국가기구에 위임하려 하지 않았다. 그 이유는 국가주권과 독립의 기초가 국방에 대한 책임과 외교정책의 독자적 수행에 있기 때문이다.
>
> 즉 한마디로 약소국 외교정책의 기본 목표는 자주성이다. 여기서 자주성이란 다른 국가가 정책결정에 영향을 미치기를 원하든 원하지 않든 간에 자국의 정책결정에 — 특히 국방과 외교정책 분야 — 자유를 집행할 수 있는 힘을 가지는 것을 의미한다. 그렇기 때문에 현실적으로 약소국 외교의 기본 문제는 주권유지와 안전보장에 영향을 미치는 외세의 영향력을 어떻게 약화시키고 동시에 약한 자주성을 어떻게 강화시키느냐에 있다.[15]

다음에서 논의되는 순응(compliance), 저항(resistance), 그리고 구성(construction)의 개념은 비대칭적 쌍무관계에서 하부단위가 택할 수 있는 행동의 유형을 나타내고 있다. 순응과 저항은 비교적 그 정의가 간단하게 내려질 수 있는 개념이라고 하겠다. 즉 동맹의 하위국가가 상위국가로부터 주어지는 정책적 입장이나 수단을 일방적으로 따르는 경우와 그에 대해 전적으로 반발하는 경우를 양 극단으로 상정할 수 있는 것이다. 근래의 연구는 순응이 이루어지는 이유로 현실주의 이론이 강조하는 권력의 분포에 따른 구조적 조건 이외에 이익에 대한 고려, 정책적 효율성, 그리고 그를 유도하는 제도와 규범의 존재

---

15. 이석호, 1992, pp. 458–459.

를 들고 있다.[16] 따라서 저항의 조건은 이러한 것들을 역전시킬 수 있는 새로운 유인의 등장에 그 기본적인 원인을 찾아야 할 것이다.

하지만 국가 간 관계에 있어서 완벽한 순응이나 저항의 모습을 찾기란 쉽지 않으며, 사실상 그 중간 혹은 혼합의 형태로 국가의 행위가 이루어진다고 볼 수 있다. 따라서 비대칭적 동맹관계에서도 양자의 사이에 있는 다양한 행위의 양식을 살펴볼 필요가 있으며, 우리가 협상연구에서 보는 많은 방식의 전략적 행동들이 그 예가 될 수 있을 것이다.[17] 하지만 후견주의 모델에서 보는 것처럼 협상의 영역이 주어진 구조 내에서 하위국가가 자신의 이익을 극대화하려는 방식에 해당한다면, 우리는 주체-구조의 문제의식에 따라 하위국가가 상위국가와의 상호작용을 통해 자신이 처한 구조의 상대적인 전환을 모색하는 구성의 영역을 생각해 볼 수 있다. 즉 안보와 자주성의 예에서 보는 것과 같이 구성의 모색은 순응과 저항을 전략적으로 결합하려 하는 복합적인 대응양식이라고 할 수 있는 것이다.

이와 같은 단위의 미시적 대응방식에 대한 비교연구는 개인, 기업, 그리고 국가의 사례에서 다양하게 이루어졌는데, 허쉬만(Hirschman)의 정치경제적 분석은 그 대표적인 예라고 할 것이다.[18] 그는 조직에 대한 불만을 표시하는 방식으로써 경제적 시각이 중시하는 탈퇴(exit)의 옵션과 정치적 시각이 중시하는 발언(voice)의 옵션을 비교하면서 어떠한 조건에서 각각의 옵션이 선호되며, 각 옵션의 상대적인 효과는 어떠하며, 어떠한 조건에서 양자가 결합될 수 있는가를 고찰하며,

---

16. A. Chayes and A. H. Chayes, "On Compliance," *International Organization*, 47, 2, 1993. 물론 위 논문이 다루는 다자적 제도에 대한 순응과 쌍무적 동맹관계에서의 순응의 문제는 그 성격에 차이가 있을 수도 있다.

17. 대표적인 저작으로 J. Breslin and J. Rubin, eds., *Negotiation Theory and Practice*, The Program on Negotiation and Harvard Law School, 1993을 볼 것.

18. A. Hirschman, *Exit, Voice, and Loyalty: Responses in Firms, Organizations, and States*, Harvard University Press, 1970.

아울러 충성(loyalty)의 존재가 각각의 선택에 미치는 영향에 대해서 검토하고 있다. 허쉬만은 가족이나 국가, 그리고 교회의 경우처럼 탈퇴의 옵션이 고려될 수 없는 조직을 들고 있는데, 무정부성과 주권의 원칙이 지배하는 일반적인 국제관계와 비교해 볼 때 위계성과 준주권(semi-sovereignty)의 특성이 존재하는 한미관계도 이러한 조직의 형태에 비교적 가깝다고 할 수 있다. 따라서 이 경우에서도 그가 지적한 것처럼 발언의 옵션을 어떻게 효과적으로 사용할 것인가 그리고 그를 위해 불만을 전달할 수 있는 효율적인 통로를 어떻게 만들 수 있는가를 고려하는 것이 필요한 것이다.[19]

약소국외교정책론에 있어 단위와 체제 사이의 상호작용의 문제는 비교외교정책 분야에서 기회(opportunity)나 의지(willingness)의 변수를 제시하는 환경모델(environmental model)이나 작용–반작용 모델(action-reaction model)에서 다루어져 왔다.[20] 로즈노우는 이러한 맥락에서 적응(adaptation)의 개념을 사용하여 한 국가사회(national society)가 갖는 내부적-외부적 변화의 균형 모색의 다양한 측면을 체계적으로 다룬다.[21] 그는 약소국의 외교정책을 본질적으로 적응적 행위로 규정하면서, 이를 자신과 환경의 전환 유무에 따라 각각 순종적 적응(acquiescent adaptation: 자신을 변화시키고 환경은 그대로 둠), 비타협적 적응(intransigent adaptation: 자신은 그대로 두고 환경은 변화시킴), 조장적 적응(promotive adaptation: 자신과 환경을 모두 변화시킴), 보존적 적응(preservative adaptation: 자신과 환경을 모두 그대로 둠)의

19. 하지만 발언 옵션의 효과가 소비자의 영향력과 협상능력에 따라 좌우된다는 점에서 볼 때 안보의 생산자로서의 미국과 소비자로서의 한국의 사례에 있어서의 발언 옵션의 효과는 기본적인 제한점을 갖고 있다고 보아야 할 것이다.

20. M. Papadakis and H. Starr, "Opportunity, Willingness, and Small States: The Relationship between Environment and Foreign Policy," in C. Hermann et. al., *New Directions in the Study of Foreign Policy*, Allen & Unwin, 1987을 볼 것.

21. J. Rosenau, *The Study of Political Adaptation*, Frances Pinter, 1981, ch. 4.

네 가지로 구분하고 있다.

이 중에서 국가의 내적 제도와 외적 환경을 서로에게 적합하게 변형시킴으로써 양자 간에 바람직한 균형을 추구하는 조장적 적응의 방식이 구성의 개념에 비교적 가깝다고 할 수 있다. 즉 위에서 언급된 것처럼 비대칭적 관계에서 하부단위가 갖는 구조적인 한계를 인식하면서도 외부적 변화에 단순하게 따라가는 반응국가(reactive state)에 머무르는 것이 아니라,[22] 나름대로의 구조적 전환을 모색하는 주체의 행위 유형을 구성으로 보는 것이다. 따라서 이 책에서의 분석의 초점은 이승만, 박정희 시기의 대미관계에 있어서 구성의 사례가 존재하였는지, 존재했다면 어떠한 형태로 추구되었는지, 그리고 만약 구성이 부재했다면 그 이유는 무엇이었는지를 검토하는 것이라 하겠다. 그러나 이 연구에서 다루어지는 체제 변화의 시기에 있어서 한미 간에 갈등의 양상이 부각되었다는 점에서 후자의 측면이 주된 분석의 대상이 될 것이다.

2. 역할구상과 위협인식

한미관계의 협력과 갈등, 그리고 한국의 대미정책의 성공과 실패에 영향을 미치는 다양한 요인이 존재할 수 있을 것이다. 한미동맹의 역사적 전개과정을 보면 이러한 요인은 크게 안보적 요인, 정치경제적 요인, 그리고 국내정치적 요인 등으로 구별될 수 있다. 그런데 이 책에서 중요하게 다루어지는 것은 이 세 가지 요인으로 설명될 수 없는 협력과 갈등, 성공과 실패의 독립변수, 내지는 매개변수가 존재한다는 점이다. 이러한 점에서 1장에서 논의된 칼스네스의 성향적 차원과 해

22. 반응국가의 개념을 위해서는 K. Calder, "Japanese Foreign Economic Policy Formation: Explaining the Reactive State," *World Politics*, 40, 4를 참조할 것.

석적 행위자의 시각이 의미를 갖는다고 할 수 있다. 주체와 관념의 역할을 강조하는 구성주의 국제정치이론은 기본적으로 공유된 관념의 존재에 주목하기 때문에 집단적인 수준이 아닌 개인적 수준의 요인에 대한 보완적인 접근이 필요하게 된다. 이 장에서 다루어지는 역할구상(role conception)과 위협인식(threat perception)의 변수가 이와 같은 개인적인 수준의 성향적 변수라고 할 수 있는데, 외교정책과 동맹의 연구에 있어서 이들을 적절하게 검토하기 위해서는 단순한 국제정치학의 방법론으로는 충분치 못하다. 따라서 정책결정자의 인지적 측면을 고찰할 수 있는 학제적 접근이 필요하며, 외교정책에 대한 정치심리학적 연구가 그러한 방법이라고 할 것이다.[23]

다양한 유형의 구조적, 제도적 요인의 강조에도 불구하고 외교정책 결정과정에 있어서 개인적, 심리적 요인의 의미는 지속적인 학문적 관심이 되어 왔다. 젠센(Jensen)은 개인적, 심리적 변수가 보다 중요한 역할을 할 수 있는 조건에 대한 몇 가지 가설을 다음과 같이 소개하고 있다.

1. 정책결정자가 외교문제에 대하여 관심이 많을수록 외교정책에 영향을 미치는 개인성격의 영향은 커진다.
2. 정책결정자에게 결정의 재량권이 많이 주어질수록 외교정책에 미치는 개인성격의 영향은 커진다.
3. 정책결정 구조상 정책이 결정되는 단계가 높아질수록 개인성격 요인이 더 중요해진다.
4. 개인성격 변수는 표준운용절차의 적용이 부적절한 비정상적 상황에서 더 중요해진다.
5. 상황이 상당히 모호하거나 돌발적인 경우, 혹은 있을 법 하지 않은 상황이나 서로 상치되는 정보가 전달될 경우, 정책결정에 개인성격 변수가

23. 신욱희, 「비대칭적 동맹에서의 갈등: 정치심리학적 측면」, 『국방연구』 50, 1, 2007은 이러한 시도의 하나라고 볼 수 있다.

작용할 가능성은 커진다.

6. 정보가 지나치게 많이 전달되거나, 혹은 반대로 너무 부족하여 합리적 정책결정을 내리기 위한 적절한 단서를 찾지 못하게 될 때, 개인성격 정향이 정책결정에 영향을 미치기 쉽다.
7. 현안을 다룰 때보다 장기적인 계획을 다룰 때 개인심리적 요인이 더 작용할 가능성이 많다.
8. 외교정책의 현안이 국가안위에 관련된 중대한 사안이라고 인식할 때 정책결정자들은 자신의 심리적 정향을 의식적으로 자제하려 한다.[24]

심리학에서 이야기하는 개인적 변수의 예로는 권력욕이나 귀속욕구, 성취욕구 등의 동기요인이나 여러 가지 형태의 성격적 속성을 들 수 있다. 이와 같은 변수는 특정한 정책결정자가 대외정책에 있어 현상변경적인가 아니면 현상유지적인가, 또는 공격적인가 아니면 방어적인가를 결정하게 된다. 이와 더불어 외교정책결정에 핵심적인 영향을 미치는 심리적 요인으로 한 국가 정치지도자의 타국에 대한 인식을 들 수 있다. 따라서 그러한 인식이 어떻게 형성되는가, 혹은 어떠한 요소들이 오식(misperception)을 낳게 되는가에 대한 많은 연구가 이루어져 왔다. 이러한 과정에서 경험과 유추(analogy)의 문제가 중요하게 되는데, 뮌헨 협정의 사례가 그 대표적인 예라고 하겠다. 그리고 외교정책 결정과정에서 정책결정자 개인에게 주어진 특정한 역할, 또는 그가 이전에 가졌던 역할의 범위 또한 자신의 인식에 영향을 미친다고 지적된다.

인식 또는 이미지의 변수는 인지부조화(cognitive dissonance)를 줄이려는 노력, 선별적 인식(selective perception)이나 대칭적 이미지(mirror image)의 문제 등을 통해 구체적으로 그 영향력을 발휘하는데, 이는 정보의 구분, 재정의, 자의적 해석의 과정을 통해 그 중요성을 갖는

24. 로이드 젠슨, 김기정 역, 『외교정책의 이해』 평민사, 1994, 제2장.

다.[25] 현실에 대한 이미지가 어떠한 경로를 통해 전달되든지 간에 인간에게는 그 이미지를 일관되게 유지하려는 심리적 압박감이 작용한다. 따라서 인간은 자신의 기본적 성향과 일치하는 정보만 눈여겨보게 되고, 정반대이거나 모순되는 정보는 무시하려는 경향을 보인다. 인식적 지속성을 유지하려는 노력은 많은 경우에서 국제문제에 대한 오인을 초래하게 되는데, 도이치(Deutsch)는 전쟁으로의 정책결정 중 50–60%가 다른 국가의 의도와 능력에 대한 오인과 그에 따른 잘못된 판단에 의한 것이라고 밝힌 바 있다.[26]

이상에서 보는 것과 같은 개인적 심리의 중요성은 불가피하게 정치학과 심리학 사이의 학문적 협력을 요구하게 된다. 저비스(Jervis)는 국제정치의 행위자들이 유사한 조건에서 왜 서로 다른 행동을 보이는가를 설명하기 위해서는 첫째, 행위자들의 이미지와 신념을 이해하고, 둘째, 행위의 직접적인 원인으로서 행위자들의 인식을 분석하는 이 단계 모델(two-step model)이 필요하다고 본다.[27] 로사티(Rosati)는 자신의 연구에서 다음과 같은 다섯 가지 측면에서 국제정치학에서 인지적 접근법의 존재이유를 찾고 있다. 첫 번째, 정책결정자의 신념은 외교정책과 세계정치의 이해에 매우 중요하며, 인지적 접근은 정책결정자의 신념, 이미지, 그리고 선호의 실제 내용을 알게 해주는 매우 적절한 방법이다. 두 번째, 정책결정자가 자신의 신념을 구성하게 되는 방식에 대한 인지적 이해 또한 커다란 중요성을 갖는다. 세 번째, 정책결정자들은 세계를 이해하기 위해 일반적인 인식 또는 오식의 유형에 의지하는 경향을 갖는다는 점이다. 네 번째 측면은 변화

25. 이에 대해서는 Y. Vertzberger, *The World in Their Mind: Information Processing, Cognition, and Perception in Foreign Policy Decisionmaking*, Stanford University Press, 1990을 볼 것.

26. 젠슨, 1994, p. 65.

27. R. Jervis, *Perception and Misperception in International Politics*, Columbia University Press, 1976.

와 학습에 대한 인식의 경직성 또는 유연성이다. 인지적 접근은 정책결정자의 신념과 정책이 시간이 지남에 따라 얼마나 변할 것인지, 그리고 그들이 환경의 변화에 대해 얼마나 배우고 받아들이는지를 잘 이해하게 해준다. 다섯 번째는 정책결정과정에 대한 영향으로써, 그 과정을 정책의제 설정 및 이슈 선정의 단계와 정책형성 및 선택의 두 단계로 구분하고 각각에 대한 인지과정의 일반적인 영향을 검토해 볼 수 있는 것이다.[28]

테트락(Tetlock)과 골드가이어(Goldgeier)는 정치학과 심리학 사이의 간극을 메우기 위해서 심리학자들에게는 거시적인 사회구조가 기본적인 심리과정의 속성을 변화시키는 방식들을 강조하고, 심리학에 부정적인 정치학자들에게는 가장 결정적인 거시적 주장들까지도 인간 본성에 대한 논쟁적인 가정에 기반하고 있다는 사실을 상기시킬 필요가 있다고 지적한다.[29] 그들은 세계정치의 연구에 있어서 미시적 수준과 거시적 수준의 분석이 상호배타적인 것이 아니라 필연적으로 연결되어 있다는 것을 제시하는 체계적 논법(systemic syllogism)이 요구된다고 이야기하고 있다. 그들에 의하면 우리는 미시적 과정을 통해서 상대 국가가 얼마나 위협적인가, 국제체제가 얼마나 원초적으로 무정부적인가, 상호적으로 이익이 되는 합의에 도달할 가능성은 어느 정도인가 등의 거시적 제약에 대한 인식을 형성하게 된다는 것이다.

리플리 역시 정치심리학과 외교정책분석, 그리고 국제정치이론을 결합시키려는 학제적 노력을 시도하고 있다. 그는 외교정책결정과정(foreign policy decision making, FPDM)의 분야는 라카토스적 기준에 따라 신현실주의에 준하는 독립적인 연구 프로그램이 될 필요가 있

28. J. Rosati, "The Power of Human Cognition in the Study of World Politics," *International Studies Review*, 2, 3, 2000, pp. 53–77.

29. P. Tetlock and J. Goldgeier, "Human Nature and World Politics: Cognition, Identity, and Influence," *International Journal of Psychology*, 35, 2, 2000.

다고 주장하면서, FPDM의 핵심(core)을 다음의 여섯 가지로 정리하고 이를 신현실주의의 핵심과 비교한다.[30]

첫 번째, 국가가 아니라 국가나 비국가기구를 대표하는 외교정책 엘리트가 세계정치의 주된 행위자들이다. 신현실주의가 세계체제에 의해서 국가에 부과되는 제약과 기회에 기반한 '밖에서 안으로의(outside-in)' 설명이라면, FPDM은 국가의 내부적 특성에 기반한 국가 행위의 '안에서 밖으로의(inside-out)' 설명에 해당한다. 두 번째, 세계정치에서의 행위 유형을 해석하려면 정책결정자 자신의 '상황의 정의'를 이해하려고 노력해야 한다. 이는 행위자의 합리성을 핵심가정으로 하는 신현실주의와 명확한 차이를 보여준다. 세 번째, 신현실주의가 외교정책을 갈등적인 세계 내에서의 국가에 의한 안보의 추구로 이해하는 반면, FPDM에서 외교정책은 조직적, 인지적 제약하에서 움직이는 목표지향적인 엘리트에 의한 연속적인 문제해결 작업으로 가장 잘 파악될 수 있다. 여기에서는 개별 행위자의 인지적 과정 이외에 사회적이고 제도적인 역동성도 마찬가지로 이해되어야 한다. 네 번째, 신현실주의에서는 권력이 외교정책의 가장 중요한 자산인 것에 비해 FPDM은 정보를 가장 중요한 자산으로 간주한다. 이는 외교정책 결정과정에 있어서 상황 정의의 중요성, 문제해결의 속성, 그리고 조직적 요인의 영향 등을 고려할 때 자연스러운 결과이다. 인지심리학이나 인공지능에서의 최근 발전은 외교정책 절차 내에서 정보처리에 대한 이해를 높이게 될 것이다. 다섯 번째, 세계체제는 국제정치의 주요한 추동력이라기보다는 정치의 장이다. 신현실주의가 주장하는 것처럼 세계체제는 국가 행위에 제약과 기회를 부여한다. 하지만 그것이 영향력을 갖기 위해서는 행위자들에 의해 인식되어야 하며, 체제는 변화하는 반면, 인간행위의 사회심리학적 기제는 지속

30. Ripley, 1993.

적일 수도 있다. 여섯 번째, 정책적 처방은 합리성의 결과에 대한 단순한 적응이 아니라 개인적인 오식과 조직적 병리를 보완하기 위한 노력을 포함한다. 따라서 주체에 의한 정책적 간섭은 빈번하며 이는 상황을 변경시키게 된다. 이상적인 정책결정과정이란 존재하지 않으며, 어떠한 조건은 문제의 편향된 진단, 체계적인 정보의 왜곡, 그리고 정책결과에 대한 예측의 실패로 말미암아 상대적으로 비효율적인 결과를 낳게 된다는 것이다.

인지과정과 연결되는 의제 중에 대표적인 것이 안보의 문제이다. 대부분의 국제정치 연구가 안보를 객관적인 현상으로 취급하는 것에 비해서 정치심리학자들은 안보도 개인 인식의 문제이기 때문에 심리적인 분석을 요구한다고 주장한다. 바탈(Bar-Tal)과 제이컵슨(Jacobson)은 안보의 평가는 현실에 대한 주관적 견해를 구성하는 다양한 개인적 신념에 기초한 인지 과정에 해당하며, 개인, 즉 각기 다른 신념을 가진 정책결정자는 현실을 서로 다르게 인지하며, 그 결과 정보를 수집하고 해석하는 것에도 차이를 갖게 된다고 지적하고 있다.[31] 안보의 감각, 안보불안의 근원, 안보를 증진시키는 조건 등의 주제에 관한 서로 다른 내용을 포괄하는 신념의 범주가 바로 안보인식인 것이다. 여기서 강조되는 것은 하나의 기본적 신념으로서 안보불안에 대한 인식인데, 이는 한 개인이 안보적으로 위협을 받고 있다고 느끼는 환경에 있어서 위험에 대한 인지적 평가로 정의될 수 있다. 이는 바로 이 연구가 주목하는 위협인식의 문제이다. 이와 같은 안보적 신념의 내용은 상황의 해석, 즉 안보의 상태뿐만 아니라 그에 대한 대안의 고려, 즉 안보를 증대시키거나 감소시키는 방식과도 연관되는 것이다.

이 책에서 다루어지는 역할구상과 위협인식의 문제는 모두 이와

31. D. Bar-Tal and D. Jacobson, "A Psychological Perspective on Security," *Applied Psychology: An International Reveiw*, 47, 1, 1998.

같은 외교정책연구와 심리학의 학제적 주제라고 할 수 있다. 냉전의 종언은 세계정치에서 각 국가의 새로운 역할 모색에 대한 학문적 관심을 가져왔다. 르 프레스트(Le Preste)는 냉전 이후 강대국들의 역할 추구의 양상을 비교적으로 고찰하면서 한 국가에 의한 역할구상은 그 나라의 선호와 세계관을 보여주고, 기대를 촉발시키며, 국제적인 상황의 정의와 정책적 선택에 영향을 미치게 된다고 지적한다.[32] 즉 우리는 역할구상의 분석에 의해서 한 나라 외교정책의 조작적 틀(operational framework)을 이해할 수 있는 것이다.

외교정책론에서 정치심리학적 요인에 대한 고려가 처음 등장한 작업으로 스프라우트(H. Strout)와 스프라우트(M. Strout)의 공동연구를 들 수 있다.[33] 이는 현실과 정책결정자의 심리를 최초로 구별한 논문이라고 할 수 있는데, 그들은 정책의 입안에 있어 정작 중요한 것은 정책결정자의 환경에 대한 인식이지 그것이 실제로 어떠한가는 그다지 중요하지 않다고 보았다. 이후 여러 형태의 성향적 차원의 외교정책 논의들이 진행되었지만 대부분은 정책결정자의 적에 대한 인식(enemy image)을 다루었고, 행위자가 국제체제 내에서 자국의 위치와 입장을 인식하는 방식인 역할구상의 문제에 도달하지는 못했다.

그러한 면에서 코헤인의 논문은 국가의 역할구상 연구에 있어서 선구적인 면을 지닌다고 볼 수 있다.[34] 그는 안보인식의 문제를 넘어서 지도자가 자신의 국가 역할을 어떻게 보는가를 약소국 외교정책론의 연구과제로 삼아야 한다고 지적하였다. 그는 자신의 연구에서 ① 체제를 결정하는(system-determining), ② 체제를 움직이는(system-

---

32. P. Le Preste, *Role Quests in the Post-Cold War Era: Foreign Policies in Transition*, McGill-Queen's University Press, 1997, ch. 1.
33. H. Sprout and M. Sprout, "Environmental Factors in the Study of International Politics," *The Journal of Conflict Resolution*, 1, 4, 1957.
34. R. Keohane, "Lilliputians' Dilemmas: Small States in International Politics," *International Organization*, 23, 2, 1969.

influencing), ③ 체제에 영향을 주는(system-affecting), ④ 체제에 영향력을 지니지 못하는(system-ineffectual) 이라는 네 가지 국가 역할의 범주를 설정하였다. 여기에서 ①에는 미국과 소련이, ②에는 영국, 프랑스, 서독, 일본, 중국, 인도가, ③에는 캐나다, 스웨덴, 파키스탄, 브라질, 아르헨티나 등이, ④에는 기타 약소국들이 속한다는 것이다. 하지만 국가의 체계적인 역할인식을 살펴보아야 한다는 이러한 제안은 단지 동맹과 약소국의 문제를 다루면서 나온 언급에 머물렀으며, 국가 역할의 영향에 대한 구체적인 분석으로 이어지지는 못하였다.

외교정책론에서 이 문제를 본격적으로 다룬 것은 홀스티(K. J. Holsti)의 고전적인 연구라고 할 것이다.[35] 그는 국가의 역할구상을 분류하고 그것이 외교정책연구에 체계적으로 사용될 수 있음을 보여주었는데, 이는 이후 사회심리학을 국제정치학에 원용한 워커(Walker)의 역할이론(role theory)에 의해서 좀 더 발전되었다.[36] 역할이론에 따르면 역할기대(role expectation), 역할신호(role cues), 역할수요(role demands)라는 세 변수가 역할행동을 결정하는 독립변수로 작용한다. 역할기대란 사회적 구조 속에서 어떠한 위치를 차지하고 있는 행위자가 다른 행위자에 대해서 갖는 권리와 의무, 책임을 뜻한다. 역할신호는 한 행위자가 선택한 역할을 촉진시키거나 제어하기 위해 다른 행위자가 취하는 행동이다. 그리고 역할수요는 행위자의 역할 선택에 영향을 주는 추가적인 상황을 뜻한다.

홀스티 역시 유사한 구분을 하고 있었다. 그는 역할구상과 역할규정(role prescription)을 구분해야 한다고 말하는데, 워커의 변수와 비교했을 때 역할구상은 역할기대와 유사하고, 역할규정은 역할신호 및

35. K. J. Holsti, "National Role Conceptions in the Study of Foreign Policy," *International Studies Quarterly*, 14, 3, 1970.

36. S. Walker, "Role Theory and Foreign Policy Analysis: An Evaluation," in S. Walker, ed., *Role Theory and Foreign Policy Analysis*, Duke University Press, 1987.

역할수요와 대응한다고 볼 수 있다. 왜냐하면 역할규정은 외부환경에서 비롯되는 것인 반면, 역할구상은 정책결정자 스스로가 행하는 것이기 때문이다. 결과적으로 결정 및 행위로서의 역할수행은 행위자의 위치에 의해서 영향을 받게 되고, 위치는 자아(ego)의 역할구상과 타자(alter)의 역할규정에 의해서 공히 영향을 받게 되는 것이다. 여기서 자아의 역할구상의 근거는 이익, 목표, 태도, 가치관, 개인적 필요 등이 되며, 타자의 역할규정의 근거는 문화, 사회제도, 조직, 법 등이 된다고 본다.

홀스티는 이러한 역할모델을 외교정책에 적용시키며 '역할수행'에 '외교정책'을, '위치'에 '국가의 지위'를 대입시킨다. 이에 따라 외교정책이라는 결정 및 행위로서의 역할수행은 국가의 지위에 의해서 영향을 받게 되며, 국가의 지위는 정책결정자의 국가 역할구상과 타국의 역할규정에 의해 동시에 영향을 받게 된다. 여기서 전자의 근거는 국가의 위치 및 자원, 능력, 사회-경제적 필요, 민족적 가치관, 이념, 전통적 역할, 여론, 정책결정자의 개성이나 정치적 필요 등이 되며, 후자의 근거는 국제체제의 구조, 체제의 전반적 가치관, 일반적인 법원리, 조약, 비공식적 이해, 세계여론 등이 된다. 이 연구가 중시하는 것은 타국에 의한 역할규정과 자국의 역할구상 간의 차이에 의한 비대칭적 동맹 내에서의 갈등 가능성의 문제라고 할 수 있다. 홀스티는 한 국가의 역할수행은 정책결정자가 한 지역이나 국제체제 내에서 자국의 역할을 스스로 구상하는 방식에 의해서 가장 잘 설명될 수 있다고 언급함으로써 상대적으로 행위자의 자기설정적 측면을 더 강조하고 있다. 하지만 비대칭적 동맹관계에서는 상대적으로 약소국의 역할구상보다 강대국에 의한 역할규정의 측면이 양자 간의 역할분담에 있어서 중요한 변수로 작용할 가능성이 많을 것이며, 이는 한미동맹의 사례에도 적용될 수 있을 것으로 생각된다.

홀스티에 따르면 국가의 역할구상이란 국체제제 내에서 자국의 위치나 입장에 대한 정책결정자의 인식으로 정의될 수 있다. 이는 일반적인 유형의 결정, 규칙, 약속, 그리고 국제적인 위치와 연관되는 장기적 기능을 포함하며, 실체라기보다는 한 국가가 그 외부적 환경에 대해 적절히 취해야 하는 기능에 대한 '이미지'이다. 이와 같은 국가 역할구상은 외교정책결정의 여러 측면에 영향을 미치는 규범, 지침, 기준을 제공한다. 이러한 개념을 토대로 홀스티는 국가 역할구상을 구체적인 모습으로 다양하게 세분화하는데,[37] 그를 통해 그는 국제체제의 기본적 분석단위인 정부들 사이의 관계에서 나타나는 일종의 규칙적 특성을 보여주려 하였다. 이와 같은 홀스티의 모델을 워커는 다음의 네 항목으로 정리하고 있다. 첫째, 외교정책결정자는 국가 역할구상을 행한다. 둘째, 국가 역할구상은 외교정책 행위를 형성함에 있어 외부적 환경에서 오는 역할규정보다 더 큰 영향력을 갖는다. 셋째, 국가 역할구상의 원천은 지역, 능력, 사회-경제적 성격, 체제의 구조, 지도자의 개성 등이 혼합된 것이다. 넷째, 국가 역할구상의 결과는 특정 국가에게 외교정책의 행위를 강요하는 효과가 있음과 동시에 국제체제의 안정성 및 변화에 영향을 미치는 투입요소가 되기도 한다.[38]

위시(Wish)의 작업은 이러한 홀스티의 연구를 보완하는 의미를 갖는다.[39] 위시는 열 가지의 역할구상 변수와 네 가지의 행동 변수를

37. 혁명-해방자의 요새, 지역적 리더, 지역 보호자, 능동적 독립세력, 해방 지지자, 반제국주의적 행위자, 신념의 수호자, 중재자, 지역 하부체제의 협력자, 발전자, 가교, 믿음직한 동맹, 모범적 사례, 고립자, 피보호자의 역할 등이 그것이다.

38. Walker, 1987, p. 242.

39. N. Wish, "Foreign Policy Makers and Their National Role Conceptions," *International Studies Quarterly*, 24, 4, 1980. 이후의 사례연구로 중국과 러시아의 외교정책을 역할구상의 변수를 통해 분석한 시(Shih)와 그로스먼(Grossman)의 작업이 있다. C. Shih, "National Role Conception as Foreign Policy Motivation: The Psychocultural Bases of Chinese Diplomacy," *Political Psychology*, 9, 4, 1988; M. Grossman, "Role Theory and Foreign Policy Change: The Transformation of Russian Foreign Policy in the 1990s,"

구분하고 그를 경험적인 절차를 거쳐서 분석하였다. 그에 따르면 한 국가의 국제적 참여는 그 국가의 지위와 밀접한 관계가 있었다. 자국이 더 영향력이 있다고 생각하거나 지배적 혹은 리더의 역할을 수행하고 있다고 인식한 국가의 정책결정자는 국제체제에서 더 적극적이었다. 이들은 자국이 지역적/방어적 역할을 하고 있다고 생각하는 경향이 많았으며, 개별적 동기를 갖는 확률은 낮았다. 적의에 관해서는, 경쟁적 동기가 강하고 지역적/방어적 혹은 이데올로기적 역할에 대한 인식이 강할수록 적의와 밀접한 행태를 보였으며, 반대로 외교적 혹은 보편적 가치를 중요시 할수록 적의의 빈도는 낮았다. 행동의 독립성은 지위와는 약한 관련성을 보였으나, 동기 지향과 이슈영역과는 밀접한 관련성을 보였다. 경제와 외교를 중요시할수록 협조적이었으며, 지역적 또는 이데올로기적일수록 독립적이었다. 마지막으로 역할 구상과 자원의 제공은 거의 관련성이 없었다. 그리고 경제적인 역할에 대한 인식이 강할수록 자원제공의 경향이 높았음을 알 수 있다.

저비스도 그의 저작에서 국가의 역할인식에 대한 유용한 분석을 제공하였다.[40] 그에 의하면 국제정치의 행위자들은 자신이 다른 행위자의 정책에서 중요한 역할을 행사하는 정도를 과장하는 경향이 있는데, 이러한 인식은 상대방 행위의 내용에 따라 달라진다는 것이다. 저비스는 ① 상대방이 자신의 바람대로 행동한다면 그의 정책이 결과에 미치는 영향에 대하여 과대평가하고, ② 상황이 유동적인 경우에는 자신의 잠재적 영향력을 과대평가하는 경향이 다소 줄어들며, ③ 상대방의 행동이 자신이 바랐던 바가 아니라면 행위자는 그것을 자신의 행동 결과가 아니라 상대방 내부의 원인에 의하여 초래된 것으로 보는 경향이 있다고 지적한다. ①과 ③은 종종 결합된 형태로 나타나는데, 인과관계를 통하여 자신의 자존심을 높이고 보호하는 방

International Politics, 42, 2005.

40. Jervis, 1976, ch. 9.

향으로 인식을 변경시키는 경향이 나타나게 된다. 하나의 예로 미국 관료들은 자신의 정책 때문에 러시아가 베를린 장벽을 쌓았다고 믿지는 않지만, 베를린에 대한 소련의 압력 약화에는 자신이 기여한 바가 크다고 생각한다는 것이다.

저비스의 작업은 또한 국제정치에서 '희망(wish)'과 '두려움(fear)'의 영향을 다루고 있는데, 이는 이 연구가 중시하는 또 하나의 인지적 변수인 위협에 대한 인식과 연결된다. 그에 따르면, 상대가 온건한 태도를 보이는 것이 자신의 힘에 대한 두려움에 기인한다고 생각하면서 다른 외부적 요인을 무시하는 행위자는 상대가 특정한 태도를 취하지 않고 있을 때 자신의 어떤 행동을 한다면 그것이 상대에게 큰 영향을 미칠 것이라고 생각하게 된다. 또한 이 행위자가 상대의 행동에 의해 피해를 입게 되었을 때에는 그 행동의 원인이 자신에게 있을 수 있다고 생각하지는 않고 상대의 적대적 행동을 의도적인 것으로 판단하여 이에 단호하게 대처하지 않으면 더욱 큰 피해를 입게 될 것이라는 예측을 하게 된다. 반대로 자신이 의도한 바와는 달리 상대에게 피해를 입히게 되었을 때에는 상대의 입장에서 정황을 이해하지 않고 상대가 자신의 적의 없는 행동을 이해해 줄 것으로 믿는다. 이 행위자는 자신의 행동에 따르는 상대의 반응에 의해 그의 의도를 이해하려고 하기 때문에 자신의 행동에 적대적 의도가 없음에도 불구하고 상대가 이를 이해하지 못하고 적대적 반응을 보이는 것을 그가 공격적 의도를 갖고 있다는 명백한 증거로 인식하게 된다는 것이다.

이처럼 국제관계에서 '자신이 희망하는 대로 인식(wishful thinking)'하는 정책결정자의 성향을 명확하게 밝혀내기란 쉽지 않다. 하지만 통상적으로 사람들은 자신의 기대가 틀렸다는 것을 증명하기를 원하지 않으며, 희망보다 명백하게 드러나는 다른 변수들이 있다고 하더라도 그로 인해 희망의 영향이 없다고 말할 수는 없기 때문에, 희망이 인식에 영향을 준다는 가설을 완전히 부정할 수는 없다. 위험을 과소평가하고 예상되는 위험의 증거들을 가급적 피하려고 하는 성향(perception defense) 또한 위험에 대처하는 자신의 능력에 대한 믿음에 따라서 위험을 인식하는 정도가 달라진다는 사실을 통해 부분적으로 증명될 수 있다.

심리학자들은 행위자 간의 갈등이 그들의 행동이나 목표의 양립 불가능성의 인식(perceived incompatibility)에서 연유한다고 지적한다. 하지만 사실상 궁극적으로 양립 불가능한 부분은 많지 않으며, 많은 부분은 상대방의 의도에 대한 오식에서 비롯된다는 것이다. 이와 같은 오식 중에서 국제정치에서 가장 중요한 요인이 위협인식에 대한 것이라고 할 수 있다. 국제체제의 여러 행위자는 자신의 안보적 위협이 어디에서 오는가, 어떤 형태, 혹은 어느 정도의 위협인가, 그러한 위협에 대하여 어떻게 대응할 것인가 등의 문제에 대해 서로 다른 입장을 갖게 되며 이러한 차이가 국가 사이의 갈등을 야기하는 것이다. 외교정책결정의 사례 중에서 그것이 복잡하고 불확실한 상황일수록 심리학적 패러다임의 적실성이 커진다고 할 수 있는데, 특히 스트레스를 만들어 내는 위기 상황에서는 인지적 접근이 더욱 큰 설명력을 갖는다. 여기서 중요한 것은 합리적 판단이 더욱 요구되는 위기 상황에서 그러한 선택을 하기가 힘들어진다는 점이다. 위기 상황에서 인지적 과정의 중요성을 잘 보여주는 예가 바로 위협인식의 문제이다.

코헨(Cohen)은 위협인식을 국제적 위기 상황에서 사건과 대응 사이의 결정적인 매개변수로 간주하면서 이 주제에 대한 다양한 학자들의 주장을 다음과 같이 소개하고 있다.[41] 볼드윈(Baldwin)은 위협인식을 '자신의 국가가 당면한 군사적, 전략적, 혹은 경제적 불이익에 대

---

41. R. Cohen, *Threat Perception in International Crisis*, The University of Wisconsin Press, 1979, ch. 1.

한 정책결정자의 예상'으로 정의하였다. 싱어(Singer)는 국가들이 상대국을 자신의 잠재적인 안보위협으로 인식하며, 그 인식은 평가된 능력과 평가된 의도의 함수로 표현될 수 있다고 본다. 프루이트(Pruitt)는 이를 발전시켜서 위협인식은 실체에 대한 인식이라기보다는 추론에 해당한다고 지적한다. 그에 따르면 위협을 인식하는 경향은 불신, 과거의 경험, 위기 시 계획, 그리고 개인적인 우려 등에 의해서 좌우된다. 프루이트는 상대방의 의도에 대한 증거로써 능력, 행위, 언사, 그리고 타국에 의해서 직면하는 조건 등을 들면서 싱어의 논의를 구체화하려 했지만 이에 대한 경험적 연구는 제공하지 못하였다.

코헨에 따르면 기존 연구에서 역사적 사실을 통해 위협인식을 연구하고자 했던 시도는 그다지 많지 않았는데, 이들은 일반적으로 위협인식을 종속변수가 아닌 독립변수로 다루고자 했다. 이에 비해서 록하트(Lockhart)는 종속변수로서의 위협인식에 관심을 갖고 연구를 진행하면서 국내정치적 압력의 영향에 주목하였다. 노어(Knorr)는 실제적이거나 잠재적인 위협에 대한 인식은 예상되는 피해가 구체화될 것인가, 아닌가에 대한 확률의 예측을 포함한다고 말하면서, 과거 사례에 대한 광범위한 분석을 통해 위협인식의 인지적 과정을 추적하려 하였다. 그는 이를 통해서 위협은 원칙적으로 관찰 가능한 것에서부터 나오지만 관찰 가능한 실체가 명확한 의미를 지니는 경우는 드물다는 것을 보여주었다. 그는 ① 이미 결정된 개인의 기대와 신념, ② 국가 특히 약소국들의 과거 경험, ③ 자신보다 상대적으로 강한 적에 직면한 국가의 현재 경험, ④ 외교정책결정과정에 연관된 부처들의 구조와 가정의 집합 등의 제 변수가 중요한 영향을 미치게 된다고 주장하였다. 구체적인 사례연구의 예로 코헨은 독일이 갖는 영국의 해상공격에 대한 위협인식을 다룬 스타인버그(Steinberg)의 연구와 전간기 영국이 가졌던 독일의 공습에 대한 위협인식을 다룬 비알러(Bialer)의 연구를 들고 있다.

위협의 변수는 다양한 국제정치이론의 검토 대상이 될 수 있으며, 협상이론, 억지이론, 동맹이론 등이 그 예라고 할 것이다. 볼드윈은 다음과 같은 위협 요인의 적절한 고려에 의해서 협상이론의 약점이 보완될 수 있다고 보았다.

1. 전략적 행동, 심리적 조건, 그리고 사회적 관계로서의 위협의 개념이 좀 더 명확하게 구별되어야 한다.
2. 좀 더 많은 강조점이 약속(promise), 그리고 위협과 약속 사이의 관계에 주어져야 한다. 위협이란 부정적인 약속 이상의 것이다.
3. 위협의 강제성을 논의할 때는 행위자 을의 자신의 능력과 의도에 대한 평가가 포함되어야 한다.
4. 위협과 약속이 비용과 관계되는 비대칭적인 방식은 국제정치 분석에 많은 함의를 갖고 있지만, 지금까지 이러한 함의는 큰 관심을 끌지 못하였다.
5. 위협 관계에 있어서 모호성의 역할, 특히 갑이 을에게 하는 요구에 있어서의 모호성이 갖는 중요성은 크게 과소평가되어 왔다.
6. 억지의 개념은 외교정책분석의 수단으로서 그 유용성에 의문이 제기되는 부정적인 제재에 우호적으로 편향되는 지속적인 경향을 가져왔다.[42]

억지이론에 관련된 위협인식의 주제를 논하면서 저비스는 그것이 초래하는 문제와 그를 극복하는 방법에 대하여 다음과 같이 이야기하고 있다.

> 그들이 받는 엄청나게 많은 양의 정보를 단순화하려는 사람들의 필요와 동기화된 왜곡을 초래하는 심리적 압박은 인식되는 환경과 실제 사

42. D. Baldwin, "Thinking about Threats," *Journal of Conflict Resolution*, 15, 1, 1971, p. 77.

> 이에 심각한 불일치가 있다는 것을 의미한다. 이 문제는 다자적이며 상호적이다. 즉 우리는 수동적인 환경을 인식하고 있는 한 국가가 아니라 서로를 인식하고 상대하는 많은 국가를 다루고 있는 것이다. 다른 국가들의 행위를 해석하고, 그들이 자신을 어떻게 인식하는지를 판단하며, 다른 국가들이 자신의 행위를 어떻게 해석할 것인가를 예측하려면 국가들은 자신의 것들과 매우 상이한 다른 국가들이 갖고 있는 신념과 이미지를 이해해야만 한다. 나아가서 이러한 과정이 계속되면 실수가 교정되기보다는 중첩되게 된다. 다른 편의 의도에 영향을 주는 것의 어려움은 자신의 사활적 이익에 대한 침해에는 저항하지만 상대의 사활적 이익에 도전할 의사는 없다는 것을 소통할 수 있도록 하는 억지와 확인이 동시에 가능한 정책을 개발하려는 필요성을 강조하게끔 한다 … 약속과 위협, 그리고 보상과 처벌을 서로가 상쇄되기보다는 보완되도록 결합시키는 것은 매우 어렵다. 첫 번째 단계는 상대방의 가치, 신념, 그리고 인식을 파악하는 것이고, 정보의 처리나 정책결정에 영향을 미치는 동기화되거나 그렇지 않은 편견을 이해하는 것이다.[43]

국가 간 동맹관계의 쇠퇴와 지속에 관한 그의 논문에서 월트(Walt)는 동맹이 와해되는 이유를 크게 세 가지로 나누고 있는데, 그 첫 번째가 위협인식의 변화이다.[44] 공동의 적으로부터의 위협수준은 주로 그 국가의 능력에 대한 평가와 공격의도에 대한 인식에 의해서 좌우되는데, 이러한 평가와 인식의 차이는 동맹국 사이에서 상대방의 협력적 의도에 대한 믿음을 재고하게 만든다고 본다. 이러한 변화는 동맹의 구성국이 상대방의 안보적 지원에 대한 공약의 실현 여부를 의심하게 되는 동맹약화의 두 번째 요인인 신뢰도의 저하로 이어지게 된다. 특히 지리적으로 떨어져 있는 비대칭적 동맹의 경우에 있어서 이는 하위국가로 하여금 위협 상황이 발생할 경우의 상위국가의 개

---

43. R. Jervis, et. al., *Psychology and Deterrence*, Johns Hopkins University Press, 1989, p. 33.
44. S. Walt, "Why Alliances Endure or Collapse," *Survival*, 39, 1, 1997.

입여부에 대한 불신을 초래할 수도 있다는 것이다. 세 번째의 요인은 현존하는 동맹국 내부에서 진행되는 국내정치적 상황의 변화이다. 이 세 가지 중에서 월트가 동맹의 와해요인으로 가장 중시하는 것은 원래의 동맹이 기초하고 있던 외부적 위협의 정체성과 속성의 변화, 또는 그에 대한 상이한 인식의 문제라고 할 수 있으며, 이와 같은 위협인식의 차이는 다른 두 요인과 함께 체제 전환기 한미동맹의 변화에 있어서도 중요한 변수로 작용하였다.

역할구상이나 위협인식과 같은 정치심리학적 변수를 국제정치학에 적용하여 국가정책에의 활용 가능성을 모색하는 경험적 연구는 아직까지 많지 않았다. 국제정치학에서 이 주제의 의미를 부각시키기 위해서는 역사적 사례연구의 축적과 비교분석을 통해서 이론화와 상대적 일반화를 모색하는 것이 필요하다고 볼 수 있다. 따라서 이 연구에서는 한국의 사례를 통해 역할구상과 위협인식의 변수가 대미정책에 있어서 차지하는 역할과 그 결과에 대한 고찰을 하고자 하는 것이다.

III. 역사와 사례

1. 이승만과 한일회담

한국외교정책의 환경적 요인으로서의 냉전체제는 끊임없는 변화의 과정을 거쳐 왔으며, 냉전과 데탕트, 신냉전과 탈냉전으로 이어지는 순환의 양상은 그를 잘 보여주고 있다.[1] 1950년대는 전반적으로 한국전쟁의 결과로 인해 냉전적 상황이 심화된 시기로 이해되고 있으나,[2] 이에 대해서는 좀 더 세밀한 검토가 요구되는 것으로 보인다. 즉 1950년대 중반은 흐루쇼프의 평화공존론과 중, 소의 평화공세가 등장하는 탄력적인 국면을 함께 보여주고 있으며, 1950년대 후반으로 이어지는 기간에는 각 국가의 정책적 고려에서 안보적 차원보다는 경제적 차원이 중시되는 양상이 나타나게 되었다. 따라서 우리는 이 시기를 데탕트에 선행하였던 이른바 '미니 데탕트'의 유동적 환경

1. 이와 연관된 미국 봉쇄전략의 변화에 대한 전반적인 이해를 위해서는 J. Gaddis, *Strategies of Containment*, Oxford University Press, 1982를 참조할 것.
2. 한국전쟁의 영향에 대해서는 R. Jervis, "The Impact of the Korean Wat on the Cold War," *Journal of Conflict Resolution*, 24, 4, 1980을 볼 것.

의 시기로 간주할 수 있을 것이다. 이 연구의 첫 번째 역사적 사례는 이 시기의 한일관계를 둘러싼 이승만의 대미정책을 다룬다.

스탈린 사후 말렌코프에 이어 등장한 흐루쇼프는 제국주의와 사회주의 간의 불가피한 전쟁을 예견한 레닌의 견해를 수정하려 하였다. 그는 사회주의 체제의 우월성에 대한 믿음은 계속 견지하였지만, 핵전력의 시대에 있어 양 진영 사이의 경쟁은 평화로운 방식으로 이루어질 수도 있다고 주장하였다. 이러한 평화공존론의 천명은 동북아에서도 이루어졌다. 1954년 10월 소련과 중국은 대 일본선언을 통해서 평화공존의 가능성과 통상 및 문화적 교류의 중요성을 강조하면서 국교정상화를 재촉하게 된다. 이와 같은 전환이 전술적 변화나 수사에 불과한 것이었는지 아니면 실질적인 유화정책의 채택이었는지는 논쟁의 여지가 있으나,[3] 한국전쟁과 베트남 전쟁 사이의 동아시아에서 최소한 군사적 대결의 양상이 완화된 시기가 존재하였던 것은 사실일 것이다.

아이젠하워는 트루먼과는 달리 공군력과 핵을 강조하면서 사회주의 진영의 도발에 대한 비대칭적 대응을 시사하는 '대량보복 전략'을 채택하였지만 이는 기본적으로 미국의 군사적 비용을 줄이려는 의도에 의한 것이었다. 미국은 소련의 변화를 의식하고 있었으나 이에 대해 조심스럽게 반응하였고, 동유럽의 사태는 이러한 신중성의 필요성을 확인시켜 주었다. 하지만 아시아에서 미국은 일방적인 냉전적 사고에서 벗어나 점차 현실주의적 접근을 취하게 되었고, 아이젠하워의 '두 개의 중국' 정책은 그러한 예를 보여준다고 할 수 있다. 하지만 미국과 소련의 이러한 현실적 입장은 모택동의 민족주의 노선과는

3. 미국은 이러한 사회주의 진영의 행동을 본질적인 목표의 변경 없이 자유주의 진영의 결속을 저해하고 아시아에서 미국의 고립을 조장하려는 술책으로 간주하였다. 하지만 이러한 상황 변화는 일본에게 나름대로의 전략적 공간을 마련해 주는 것이기도 하였다. 신욱희, 「냉전기 미일동맹의 정치경제, 1954-1960년: 일본의 역할」, 문정인·오코노기 마사오 공편, 『시장, 국가, 국제체제』 아연출판부, 2002, p. 80.

배치되는 것이었으며,[4] 기시 내각하의 일본이 친 대만, 반 중국정책을 분명히 함에 따라 아시아에서의 미니 데탕트는 완결되지 못한 상태로 남게 되었다.[5]

이러한 체제적 변화의 양상과 더불어 미국 정부의 재정문제의 대두는 아이젠하워의 대 제3세계 정책의 질적인 전환을 요구하고 있었다. 사실상 유럽 지역을 정책의 중심으로 삼아 온 아이젠하워 행정부는 주변부에 대해 그다지 큰 관심을 갖고 있지 않았다. 하지만 제3세계가 유럽과 일본의 경제성장에 갖는 의미에 대한 자각과 중소 간의 주변부 혁명세력에 대한 후원 경쟁은 미국으로 하여금 제3세계 국가에 대한 정치적, 경제적 지원의 중요성을 새롭게 일깨워 주게 되었다. 사회주의권의 '경제공세'에 대항하여 미국도 제3세계의 경제발전을 통한 체제 경쟁에 치중하게 되었고, 이는 동서냉전의 양상을 군사적 차원의 치중에서 경제적 차원의 치중으로 바꾸어 놓는 것이었다.

이러한 변화의 직접적인 대상이 된 것이 바로 미국의 원조정책이었다. 1950년대 중반 이후 아이젠하워 행정부의 대외경제정책의 특징은 저개발 지역의 경제문제에 대한 관심의 증대, 군사원조로부터 경제원조로의 중점의 이행, 원조에 있어서 '다각주의 및 지역주의' 접근법의 강조 등으로 요약되고 있다.[6] 이종원은 이를 '원조정책의 뉴

---

4. 코헨(Cohen)은 미국의 '두 개의 중국' 정책을 받아들이라는 모택동에 대한 흐루쇼프의 충고는 그에게 있어서 중국의 전략적 이해에 대한 소련의 무관심을 확인시켜주는 것이었고, 그것이 중소 간의 갈등을 더 확대시키는 결과를 낳게 되었다고 지적하고 있다. W, Cohen, *The Cambridge History of American Foreign Relations Vol. IV: America in the Age of Soviet Power, 1945-1991*, Cambridge University Press, 1993, p. 101.
5. 기시 정부는 이와 같은 지역적 환경의 변화에 따른 자신의 정책적 자율성의 상대적 증가를 지역적 공존의 가능성을 모색하기보다는 미일관계의 쌍무적 교섭을 통해 자신의 지역적 입지를 강화하는 데 사용하였다. 특히 기시의 반 중국정책의 궁극적 선택과 그로 인한 중국의 대일 경제, 문화교류의 단절은 동아시아에서 양극체제를 공식화시키는 변수로 작용하였다. 한상일, 『일본전후정치의 변동: 점령통치에서 새 체제의 모색까지』 법문사, 1997, p. 108.
6. 李鍾元, 『東アジア冷戰と韓米日關係』 東京大學出版会, 1996, 제4장을 볼 것.

룩'이라고 부르며, 이러한 입장은 '지역적 굴절'과 '시간적 지체'를 거쳐 동아시아와 한국에도 반영되는 것으로 설명한다. 한국의 경우는 냉전의 전초국가로서의 군사적 고려와 정책결정자들 사이의 인식 차이가 상대적으로 부각되었던 사례라는 것이다.

이종원은 한국에 대한 이러한 정책적 전환의 핵심내용을 잘 보여주는 것이 1956년 9월 미국의 프로크노우 보고서의 항목이라고 지적한다. 이는 대한정책의 중점을 국방으로부터 국내 상황에 대한 대응으로 이행할 것, 중소기업을 중심으로 한 경제개발을 촉진하고 그와 관련하여 일본과의 경제관계의 강화를 촉진할 것, 한국군의 사명과 목적을 명확하게 하고 적절한 병력수준을 설정할 것 등의 내용을 포함하고 있다.[7] 따라서 이와 같은 고려의 결과 내부적 안보의 중시, 한일회담에 대한 기대, 그리고 한국군의 감축과 전술 핵무기의 도입과 같은 정책적 고려가 행해졌던 것이다.

한국전쟁을 통해 한미 간의 안보적 협력관계가 제도화되었던 1950년대 초반에 비해서 1950년대 중반 이후는 기본적으로 양국 사이의 갈등이 심화되었던 시기로 이해되고 있다. 하지만 이러한 갈등은 한미동맹 자체의 문제였다기보다는 변화하는 정책적 환경 아래서 이승만과 아이젠하워 행정부 사이의 대립 양상으로 파악하는 것이 보다 적절할 것이며, 이는 안보, 국내정치, 경제의 여러 차원에서 복잡하게 얽혀 있었다.[8]

1공화국 당시 안보적 측면에서 한미갈등의 주된 원인으로 꼽혔던 것은 이승만의 북진통일론이었다고 할 수 있다. 휴전협상과 반공포로 석방을 둘러 싼 한미 간의 알력에 이어 한국의 공세적인 대북정책은

7. 李鍾元, 1996, p. 273.
8. 이와 같은 상관관계에 대한 분석의 하나로 김일영, 「이승만 정부에서의 외교정책과 국내정치: 북진, 반일정책과 국내 정치경제와의 연관성」, 『국제정치논총』 39, 3, 1999를 볼 것.

지속적으로 두 나라 사이의 마찰을 가져온 요인으로 지적된다. 그러나 휴전 이후의 북진통일론은 미국의 지원이 없는 상태에서의 남북한 간의 군사력 격차를 고려했을 때 일종의 '공세적 방어'의 성격을 갖는 것이었으며, 당시의 냉전적 상황을 바탕으로 자신의 국내정치적 입지와 지역적 역할을 강화하려는 이승만의 의도가 반영된 결과인 것으로 보인다.[9]

1950년대 중반 이후 한미 간에 실질적인 쟁점이 되었던 것은 군사원조의 삭감과 한국군 감축의 문제였다. 하지만 두 문제에 대하여 미국은 궁극적으로 절충적인 입장을 취하게 되며, 다음의 한 전문 내용은 그러한 고려를 잘 나타내고 있다.

> 이 문제는 통상적으로 '한국문제'라기보다는 '우리가 어떻게 돈을 절약할 수 있는가'라는 방식으로 제시되고, 경제적 고려 후에야 무엇이 남을 수 있는가에 대해 걱정한다. 따라서 정부 내에서 한국의 이슈는 삭감을 원하는 한 편과 현상유지를 원하는 다른 편으로 각각 표현되는 경제원조의 문제가 되어 버렸다. (한국에서의) 미국의 장기적 이익을 보호하기 위해서는 아마 이 두 극단 사이의 절충이 필요할 것이다.[10]

다양한 검토의 결과 한국군의 감축 논의는 원래의 4개 사단 감축에서 2개 사단 감축으로 조정되었으며, 감축과 더불어 한국군 현대화와 전술핵 배치가 병행되는 형태로 진행되었다.[11] 역설적으로 이승만

---

9. 미국의 정보기관들도 이승만이 실제로 북한을 단독으로 공격할 가능성은 매우 희박하다고 분석하고 있었다. 차상철, 「아이젠하워, 이승만, 그리고 1950년대의 한미관계」, 『미국사연구』 제13집, p. 158.
10. From Weintraub to Parsons, 795.00/1-857, Decimal Files, RG 59, National Archives.
11. 이 과정에서 재무부가 한국군과 군원의 현저한 삭감을 주장한 반면, 국무부와 국방부는 반대의 입장을 표명하였다. D. Macdonald, *U.S.-Korean Relations from Liberation to Self-reliance: The Twenty-Year Record*, Westview Press, 1992, p. 25. 맥도날드(Macdonald)는 유엔군 사령관의 말을 인용하면서 핵무기의 배치는 군대 감축에 대한 한국정부

이 반대하던 한국군 감축 계획은 군 현대화와 전술 핵 도입으로 귀결되면서 자신의 북진통일 노선이 사실상 포기되는 결과를 가져왔다.[12] 즉 미국은 핵의 존재를 북한의 공격과 이승만의 공격적 의도(만약 실재했다면)를 동시에 억제하는 수단으로 이용할 수 있게 되었던 것이다.

또 다른 전략적 갈등의 요인은 미국이 지속적으로 추구해 온 한일간의 연계 모색에 대한 이승만의 저항이라고 이야기된다. 한국전쟁 직후부터 일본을 통한 물자 조달과 한일 경제협력의 추진에 대해 이승만이 거부감을 표시해 온 것은 사실이며, 미국은 이 문제를 "이승만이 사라진 이후에야(only after Rhee's departure from the scene) 해결될 수 있는 주요한 '정치적 문제'라고" 인식하고 있었다.[13] 따라서 재정이 악화되었던 1950년대 후반의 미국에게 있어 동아시아의 지역통합 전략을 현실화시켜야 할 필요성은 더욱 증대되었고, 이승만의 '감정적 반일'은 이 전략의 구축에 심각한 장애로 인식되었다는 주장이 가능할 것이다.[14] 하지만 후술되는 한일회담의 사례에서 드러나는 것처럼 기시가 수상이 된 후 이승만은 한일회담의 진전에 대하여 커다

의 동의를 이끌어 내기 위한 도구적 성격을 가졌다고 지적한다. Macdonald, 1992, p. 99. 이철순은 한국군 감축에 대한 절충안이 채택된 것에 대해 한국의 공산화에 따른 미국의 위신 추락을 우려한 아이젠하워의 인식이 작용했던 것으로 설명하고 있다. 이철순, 「이승만 정권기 미국의 대한정책 연구(1948-1960)」, 서울대학교 정치학과 박사학위 논문, 2000, pp. 340-342.

12. Stephen Jin-Woo Kim, *Master of Manipulation: Syngman Rhee and the Seoul-Washington Alliance, 1953-1960*, Yonsei University Press, 2001, ch, 6을 볼 것. 즉 북진통일이라는 공격적인 슬로건을 활용함으로써 자신의 대내외적 목표를 달성하려 했던 이승만에게 있어 핵을 통한 실질적인 억제력의 획득은 그다지 달갑지 않은 사태의 전개였을 수도 있다는 것이다.

13. From Weintraub to Parsons.

14. 정용욱, 「이승만 정부의 붕괴(3.15-4.26): 이승만 정부의 대응 및 미국의 역할과 관련하여」, 한국정신문화연구원 현대사연구소 편, 『한국현대사의 재인식 4: 1950년대 후반기의 한국사회와 이승만 정부의 붕괴』 오름, 1998, p. 252.

란 관심을 표명하고 있었고, 사실상 대일관계 개선의 실리적인 측면을 염두에 두고 있었던 것으로 보인다.[15]

안보적 이해관계의 상충보다 한미 사이의 갈등, 그리고 이승만 몰락의 직접적인 원인이 되었던 것은 당시의 국내정치적 상황이었다는 것이 많은 학자의 견해이다. 한국에서 자국의 냉전적 이해관계에 부합하는 안정적인 정권의 유지는 1948년 이래 미국의 일관적인 목표가 되어 왔다. 그러한 맥락에서 에버레디(ever-ready) 계획이 준비되었으며, 이기붕을 중심으로 하는 '전문 관료집단'에 대한 기대를 가졌던 것이었다.[16] 그러나 1950년대 후반, 한국의 국내정치적 상황이 점점 더 악화되자 미국의 '대내안보'에 대한 우려와 이승만의 '정권안보'의 추구는 더 이상 양립하기 힘든 방식으로 전개되었다.[17] 이에 따라 국가보안법 파동, 조봉암의 사형집행, 경향신문 폐간 등으로 이어지는 일련의 사태에 대해 미 정부는 이전보다 좀 더 강경한 자세를 취하게 된다.

하지만 파슨스(Parsons) 미 국무부 동북아 국장은 기본적으로 한국의 내정에 간섭하지 않는다는 원칙을 고수하면서, 한국 정부에 대해 불만을 표시하되, 민주당을 지지한다는 인상을 주어 이승만과의 갈등을 야기하지는 않도록 해야 한다는 의견을 피력한다.[18] 또한 로버

---

15. 이는 미국의 원조가 삭감되기 시작한 당시의 상황에서는 매우 중요한 고려사항이 될 수밖에 없었을 것으로 생각된다.

16. 정용욱, 1998, p. 253.

17. 이러한 안보 개념을 활용한 설명을 위해서는 이철순, 2000, 제4장과 홍용표, 「국가안보와 정권안보: 이승만 대통령의 안보정책을 중심으로, 1953-1960」, 『국제정치논총』 36, 3을 참조할 것. 이 접근법에 따르면 뒤에서 서술되는 바와 같이 이승만이 한일회담에 관심을 표명하였음에도 불구하고 미국이 오히려 소극적인 태도를 보인 것도 결국 한국의 국내정치에 대한 미국의 불만에 기인한 것으로 해석할 수 있을 것이다.

18. Memorandum of Coversation, 795B.00/1-2059: 795B.00/1-2359, Decimal Files, RG 59, National Archives.

트슨(Robertson) 차관보는 미국원조의 지속이 '한국의 민주적 제도의 강화' 여부에 달려 있다는 예산국의 요청에 대하여 부정적인 의사를 표시하였다. 이는 결국 새로 개정된 국가안전보장위원회(NSC) 정책 보고서에서 "한국에 대해 미국이 민주적 제도의 강화에 부여하는 중요성을 명백하게 한다"라는 완화된 어법을 사용하는 것으로 정리되었다.

1950년대 후반의 경제문제 역시 여러 형태의 한미갈등을 야기할 수 있는 소지를 갖고 있었다.[19] 제3세계 정책의 전환에 따라 원조의 목적이 단기적 지원이 아니라 '의미 있는 경제개발의 촉진'이라는 방식으로 정의되면서, 미 정부는 한국에서 '재정안정계획'과 '장기경제개발계획'을 책정하고 실행할 수 있는 정치적 리더십을 원하게 된다.[20] 초기 개발관료들의 존재에도 불구하고 자유당 정부는 그러한 미국의 요구에 부응할 수 있는 성격의 정권은 아니었다. 수입대체산업화(ISI) 전략의 지속은 일본에 대한 경제적 종속을 경계했던 이승만의 우려와 함께,[21] 정치자본가의 등장으로 특징짓는 당시의 정치경제적 상황에 부분적으로 기인한 것이었다. 1957년 이후 미국의 대한원조 감소가 이승만 정권 쇠퇴의 배경을 이루는 것은 사실이나, 국내정치적 문제와 마찬가지로 원조나 환율을 둘러싼 정책적 갈등이 동맹관계의 지속성을 위협할 만큼의 영향력을 가졌던 것은 아니었다고 판단된다.

3.15 부정선거와 그에 따른 4.19의 발발이 이승만 시대의 종언을

19. 맥도날드는 당시 한국의 경제문제로서 과중한 군사비 부담, 인플레, 잘못된 통화/재정정책, 비현실적인 개발계획, 국가 위신에 대한 치중, 감소하는 미국 원조, 원조자금의 오용, 부패 등을 들고 있다. Macdonald, 1992, p. 275.

20. 李鍾元, 1996, p. 280.

21. 우정은은 이승만이 한국을 일본 경제성장의 부속물로 보는 미국에 대항하여 상대적으로 독립적이고 자족적인 경제체제를 만들고자 했다고 지적한다. J. Woo, *Race to the Swift: State and Finance in Korean Industrialization*, Columbia University Press, 1991, ch. 3을 볼 것.

가져왔다는 것은 주지의 사실이나, 안보와 국내정치, 그리고 경제적인 문제에 기인한 한미갈등이 미국으로 하여금 이승만 카드를 궁극적으로 포기하게 만드는 주요한 유인을 제공하였다고 할 수 있을 것이다.[22] 하지만 국내정치나 경제를 둘러싼 갈등의 존재가 한미동맹의 안보적 고려를 압도할 정도의 상황이 아니었고, 북한과 일본에 관련된 한미 간의 전략적 이해가 실질적으로 큰 차이를 보이지 않았다고 한다면 우리는 한미 간의 갈등을 설명하는 추가적인 분석의 필요성을 갖게 되는 것이다. 이러한 맥락에서 이 연구는 이승만의 역할구상이라는 성향적 변수를 고찰하고 이를 한미 관계에 적용시켜 봄으로써 이와 같은 보완적 이해의 가능성을 모색하고자 하는 것이다.[23]

2장에서 우리는 역할이론이 지적하는 한 국가에 의한 자신의 역할구상과 타국에 의한 그 국가의 역할설정 사이의 격차 존재와 그로 인한 갈등의 가능성에 대하여 논의한 바 있었다. 1950년대 후반의 한미일 관계는 이에 대한 의미 있는 사례를 제공하고 있다. 미니 데탕트 시기의 동아시아에서 미국이 설정하는 한국의 역할과 이승만이 구상하는 자신의 역할 사이에는 명백한 차이가 있었으며, 그 괴리는 한일관계를 둘러싼 여러 문제로 표면화되었던 것이다.

대한민국 정부 수립 이후 이승만은 자신을 한 나라의 대통령이라기보다는 냉전체제에 있어 자유진영의 지도자 중 하나로 생각하고 있었다. 담화집이나 올리버 박사와의 서한 내용을 보면 이승만은 미국의 구체적인 대한정책에 대하여 논평하기보다는 아이젠하워나 덜레스의 전반적인 세계전략이나 지역전략에 대해 주로 언급하고 있다.

22. 정용욱은 4.19 이후 군부 중립을 위한 미국의 영향력 행사와 매카너기 대사의 이 대통령 하야 권유의 사례를 들면서 이승만 정부 붕괴에 있어서 미국의 역할을 지적한다. 정용욱, 2001, p, 252, p. 257.

23. 신욱희, 「이승만의 역할인식과 1950년대 후반의 한미관계」, 『한국정치외교사논총』 26, 1, 2004를 참조할 것.

이러한 태도는 1950년대 중반 이후 유화적인 미국의 정책에 대한 다음과 같은 비판으로 이어진다.

> 미국의 피동적인 태도는 소련의 세계정복을 위한 적극적인 목표와 판이한 대조를 이루고 있다 … 미국은 아직도 배워야 할 것이 많으며 사실 현재 때때로 다른 나라들에게 이용당하는 일이 있다. 그러나 미국은 공산주의 대 민주주의의 전 세계적 투쟁에 있어서 필연적인 지도자임엔 틀림없다.[24]

> (이승만) 대통령은 몇 주 동안 정책의 부재하고 하는 편이 오히려 적절할 아이젠하워 대통령의 현 정책에 대해 극히 분노해 왔습니다 … 그는 미국을 각성시키는 데 진주만이 필요했듯이 스푸트니크가 국무부를 평화절대시 정책(peace-at-any-cost policy)의 무기력증에서 벗어나게 하기를 기대합니다. 대통령은 그들이 원조 삭감을 공식적으로 통보하러 왔을 때 다울링(Dowling) 대사와 원(Warne) 씨와 면담을 가졌습니다. 그는 그들 모두에게 매우 과격하게 이야기했고, 아이젠하워 대통령을 겁쟁이라고 부르기까지 했습니다.[25]

이승만에게 있어서 한일관계의 문제는 단순히 양국 간의 이해관계가 아니라 세계적이고 지역적인 수준에서의 전후질서의 구축과 냉전전략의 수행이라는 차원에서 이해되어졌다. 이러한 이유에서 다음에서 보는 것처럼 이승만은 샌프란시스코 강화조약에서 한국의 참여를 당연시하고 있었다.

> 다가오는 일본과의 평화조약에 있어서 한국의 참가를 배제한 것은 비

---

24. 공보실, 『대통령 이승만 박사 담화집』 제2집(이하 『담화집 2』), 1956, p. 22.
25. "프란체스카가 올리버에게 보내는 편지, 1957, 7, 7," 국사편찬위원회, 『대한민국사 자료집 36: 이승만관계서한자료집 9 (1957-1960)』 (이하 『서한집 9』) 1957, p. 136.

> 합리성의 자행(enormity of irrationality)의 극단으로 드러날 것이다. 평화는 이웃으로부터 시작한다. 그런데 일본의 가장 가까운 이웃이 제외되었다. 적의(enmity)는 조절되지 않은 채로 남았고, 적의를 심화시킬 미래의 공격적인 의도는 제어되지 않고 있다.[26]

리더스 다이제스트(Reader's Digest) 지에 실릴 이승만의 원고를 정리하면서 올리버 박사는 이승만에게 다음과 같이 이야기한다.

> 이것이 단순하게 극동의 문제가 아니라 전 세계의 문제를 다루기 위한 계획이기 때문에 나는 극동의 과거사나 현재의 한일관계에 대해서 상대적으로 가볍게 기술하였습니다. 당신의 위대한 목표가 한국의 개별적인 이익의 보호가 아니라 민주적 문명의 가치 보존이라는 것을 독자들에게 보여주는 것이 핵심적이라고 생각합니다.[27]

한미일 관계를 지배한 이승만의 사고는 일본에 대한 위협인식과 그에 기반한 비판적인 대일관에 뿌리를 두고 있었다.[28] 그에게 있어 전후 일본은 기본적으로 패전국이었으며, 항상 경계를 늦추지 말아야 할 영구적으로 팽창적인 속성을 갖고 있는 국가에 해당하였다.[29] 이

---

26. "Statement by Yung Tai Pyun, August 20, 1951," 대한민국 외무부 외교문서(이하 외무부 문서), 릴 번호 J-0001, J741 양자조약-외교/군사. 이에 반해서 당시 케난(Kennan)과 같은 미국 관료들은 한국이 미국의 정책에 대해 계속 비협조적일 경우 한국을 정책 논의의 상대에서 제외해야 한다고 주장했다고 전해진다.
27. "올리버가 이승만에게 보내는 편지, 1957. 1. 21,"『서한집 9』 p. 6. 프란체스카는 다른 서한에서 아이젠하워가 미국의 대 의회 연설에서 언급한 "정의에 기반을 둔 세계평화"라는 구절이 이승만이 아이젠하워에 보낸 편지에서 인용한 것으로 보인다고 말하고 있다. "프란체스카가 올리버에게 보내는 편지, 1957. 1. 10,"『서한집 9』 1957, p. 2.
28. 이승만의 일본위협론의 내용을 잘 보여주는 문헌으로『일본내막기』(*Japan Inside Out: The Challenge of Today*) 자유당 선전부, 1954를 들 수 있을 것이다.
29. 차상철은 이와 같은 일본에 대한 한미 간의 위협인식의 차이를 적절하게 지적하고 있다. 그에 의하면 이승만에게 있어 한미상호방위조약은 공산주의 세력의 공격뿐만

승만은 기시의 아시아 정책을 대동아공영권의 부활로 경계했으며, 이미 지지하는 미국정부와 덜레스를 다음과 같이 혹독하게 비판하였다.

> 이 구도(기시의 동남아 계획)는 불행히도 수십 년 전의 대동아공영권 구상을 상기시킨다 … 사십 년 전 우리는 미국에게 일본에 대해 경고하였지만 그 경고는 진지하게 받아들여지지 않았고, 미국은 진주만을 공격당했다. 오늘날 우리와 기타 여러 아시아인은 동일한 경고를 반복하고 있다. 하지만 미국에는 이를 아는지 모르는지 일본을 이전보다 더 강력한 국가로 만들고자 하는 사람들이 있다.[30]

> 덜레스 장관이 몇 년 전 나를 찾아왔을 때 그의 의도는 나를 승복시키는 것이었다. 그는 당시 일본정부가 자신의 법률 대리인으로 고용한 설리반 & 크롬웰 법률회사의 대표였었기 때문에 그 일을 책임지고 있었는데 그는 내가 일본을 재건하려고 하는 그의 결정에 동의하지 않는다는 것을 알고 있었다 … 어쨌든 내게 왔을 때 그는 만약 우리가 일본을 건설하지 않는다면 우리는 일본을 잃게 되며 일본은 소련과 제휴하게 될 것이라는 점을 내게 확신시키기 위해 모든 노력을 다했다. 나는 덜레스 씨에게 만약 일본이 미국에 등을 돌리고 공산주의자들과 협력하려 한다면 누가 그것을 막을 수 있겠느냐고 반문하였고, 그는 대답하지 않았다. 나는 그에게 일본에게 점령당했던 모든 아시아 국가들은 일본인에 의한 만행을 알고 있으며 그것을 잊을 수 없다고 말했다. 그리고 만약

이 아니라 일본의 팽창주의의 위협으로부터의 생존 확보라는 의미도 함께 갖고 있었다. 즉 미국이 한미상호방위조약을 공산 진영의 침략위협과 이승만의 공격적 행동을 동시에 제어하는 '이중봉쇄'의 도구로 인식했다면 이승만은 이 조약에 상이한 이중봉쇄의 의미를 부여하고 있었던 것이다. 더 나아가서 이승만은 한일국교정상화 이전에 한미일 3국이 '불가침조약'을 체결할 것을 제안하기도 하였다고 한다. 차상철, 「아이젠하워, 이승만, 그리고 1950년대의 한미관계」, 『미국사연구』 제13집, p. 161-163.

30. "International News Agency의 Sydney White 기자와의 인터뷰, 1957. 6. 26," 『서한집 9』 1997, p. 96.

미국이 그들에게 일본과의 협조를 강요하여 일본의 주도 아래 놓인다고 믿게 되면 대부분의 아시아인은 일본의 통제 아래 강제로 처하기보다는 미국에게 등을 돌리고 공산주의자와 협력하여 미국과 싸우게 될 수도 있다고 이야기하였다.[31]

… 미국은 경제적으로, 정치적으로 또한 군사적으로 일본이 동양의 지도자적 지위로 돌아가도록 하는 정책을 취하고 있다.

제국주의적인 공업국가의 팽창에는 한이 없는 것이다. 생산국가로서 일본은 마음대로 그 힘을 쓸 것이며 일방 아시아 각국은 일본의 물품을 사들이기만 하는 지위에 서게 되며, 따라서 중요한 물품 하나하나에 대하여 일본에 의존하게 되고 그 결과 일본의 자의 앞에 무력하게 될 것이다. 이러한 경제적 종속성은 서로 존중하는 대등 국가 간에 마땅히 있어야 할 독자성과 우호적 협조를 근본적으로 부인하는 것이다.

… 일본의 추종을 얻기 위해서 다른 아시아 국가들을 희생시킨다면 미국은 아시아 국가들의 지지를 상실하게 될 것이다.[32]

이와 같은 이승만의 대일인식은 동아시아 지역협력의 구상에도 마찬가지로 등장하고 있었다. 이승만은 자신과 대만의 장개석이 주축이 되는 아시아민족반공연맹(Asian Peoples' Anti-Communist League, APACL)의 구상에 대해 다음과 같이 피력하고 있는 바, 이는 이후 미국이 제시하게 되는 일본을 중심으로 하는 지역협력의 안과는 큰 거리를 갖고 있었다.

우리들은 아시아에서 그동안 수년간 방위동맹에 대한 논의를 하여왔으나 별 성과를 보지 못하였다. 그것은 북대서양 동맹의 경험에 비추어 미국은 그러한 동맹을 시작해 놓기를 꺼렸으며 아시아의 다른 국가들

31. "이승만이 올리버에게 보내는 편지, 1957. 12. 20," 『서한집 9』 1997, pp. 175-176.
32. 『담화집 2』 1956, pp. 24-25.

역시 나서는 나라가 없었기 때문이었다. 나는 종종 미국 관리들에게 그 문제에 대한 말을 하였는데, 그때마다 그들 역시 그러한 동맹이 필요하다는 점에서 나와 같은 의향을 표명하였던 것이다. 물론 나 역시 미국이 주동이 되지 않는 것이 좋다고 생각하였으며 따라서 장개석 총통에게 제의하기를 우리들끼리 먼저 일을 시작하여 놓자고 하였던 것이다 … 그래서 장 총통과 나는 수개 정부에 회람서한을 발송했던바 즉시로 몇몇 미국 관리들은 일본도 참가하도록 초청된 것인가 하는 점을 특히 지적해서 물어왔다. 이 질문에 대답하기를 나는 일본은 아직 반공국가로서 확실히 태도를 결정하지 않은 만큼 예비회담에는 초청되지 않을 것이라고 솔직히 설명했었다.[33]

이처럼 일본이 반공주의에 대해 강력한 공약을 표명하지 못하고 있다는 견해를 피력함으로써 일본을 APACL 구상에 포함시키지 않도록 하는 것이 이승만의 생각이었다. 당시 APACL 결성대회에 참석했던 한국 대표단에 내려진 다음의 지시사항은 이러한 의도를 잘 보여주고 있다.

우리의 입장은 일본이 아직까지 신뢰할 만한 국가가 되었다는 근거를 전혀 제공하지 못하고 있다고 보는 것이다 … 아시아의 진정한 자유국가들은 1. 일본이 철저하게 반공산주의자들인지, 그리고 2. 일본인들이 정말로 침략을 포기했는지에 대해서 알지 못한다. 일본인들이 말과 행동을 통해 그들의 방식을 바꾸었다고 증명할 때까지 아시아의 다른 국가들은 일본인들이 모든 원천으로부터 침략을 준비하고 있다고 확신해야 한다 … 우리는 공산주의자들 및 아시아와 유럽의 다른 침략적인 세력들이 정복 정책을 포기하기 전까지는 그들과의 어떠한 경제적, 정치적 거래도 하지 않을 것이다.[34]

---

33. 『담화집 2』 1956, p. 23.
34. "Instruction to the ROK Delegation," The Syngman Rhee Presidential Papers, File No. 854. 조무형, 「아시아민족반공연맹의 창설과 좌절: 역할이론을 통한 한미갈등의 개

이승만은 기본적으로 미국이 일본을 패전국이 아닌 파트너로 대우하는 데 불만을 표시하고 한일 간의 문제를 해결하려면 일본만을 돕고자 하는 태도를 바꾸어 한국을 지원하는 방식으로 정책의 기조를 전환해야 한다고 주장하였다. 하지만 역코스 정책 이후 이미 일본 중심의 동아시아 전략을 수행하고 있던 미국이 이를 수용한다는 것은 힘든 일이었다. 그 결과 한일관계를 둘러싼 한미 간의 인식은 커다란 격차를 보일 수밖에 없었으며, 이승만의 역할구상은 미국에게 하나의 오식의 형태로 간주되었을 수도 있었을 것이다.[35]

한일회담의 전개과정은 위에서 서술된 한미일 간의 인식의 괴리가 실질적으로 드러나게 되는 협상의 장이었다. 이승만의 대일정책을 감정적인 반일주의와 그 국내정치적 활용의 면에서 일방적으로 조명하는 것은 적절하지 않다. 이승만은 한일회담을 하지 않으려 했다기보다는 자신의 대일인식과 역할인식에 따른 지역체제의 구상에 따라 양국관계를 구축해 나가려 하였다. 하지만 이는 일본과 함께 사실상 회담의 또 하나의 당사자였던 미국의 인식과 정책과 때로 양립하기 힘든 상황을 만들게 되었던 것이다.

기시 수상은 취임 이후 이전의 수상들과는 달리 적극적인 대 아시아 정책을 추진하였다. 1957년 5월 기시의 동남아 순방은 '아시아를 대표하는 일본'의 이미지를 고양하고 미국이 선호하고 있는 '반공 경제권' 구축을 일본이 앞장서서 모색하고 있음을 보여주려는 생각을 담은 것이었다. 기시는 동남아 순방 이후 인도네시아와 미국 사이에

념화」, 『세계정치』 29, 2, p. 207에서 재인용. 이승만은 APACL 구상을 독자적으로 진행해 나감으로써 아시아의 지역적인 리더로서의 자신의 역할에 대한 이미지를 공고히 하려 하였다. APACL 창설 이후 이승만과 장개석은 일본의 참여 여부를 두고 갈등을 빚게 되고, 이는 APACL이 약화되는 계기로 작용하게 된다.

35. 저비스(Jervis)는 정책결정자가 자신의 중요성이나 영향력을 과대평가하게 되는 경우를 오식의 사례 중 하나로 들고 있다. R. Jervis, *Perception and Misperception in International Politics*, Columbia University Press, ch. 9를 볼 것.

서 외교적 중재에 나서는 등 자신의 독자적인 아시아 외교를 추구하였고 아시아개발기금 구상을 통해서 자신의 지역적 리더십을 확보하려 하였다.[36] 당시의 한일회담에 대한 일본의 적극적인 자세도 기시의 이러한 아시아 중심노선의 추구와 무관하지 않다. 기시 수상은 구보다 발언을 취소하고 역청구권 주장을 철회하는 등 유화적인 태도를 보이고 한일 간의 현안에 대해서도 상당한 정도 양보할 의사를 표명하였다. 이와 같은 변화는 1957년 방미외교를 통한 안보조약 개정 당시 대미 교섭력을 증대시키려는 계산에 기반한 것이었다.[37]

이승만 역시 대한 원조의 보완과 효율성 증대를 위해 한일 간의 경제적 연결을 바라고 있었던 미국의 요구를 직접적으로 수용할 수는 없었지만, 그가 당시 직면하고 있었던 여러 문제 — 한국군 감축, 원조감소, 환율정책 등 — 의 교섭을 위해서 한일회담이 유용한 협상 카드라는 것을 알고 있었다. 이승만이 과연 자신의 임기 중에 국교정상화를 이루려는 의지가 있었는지는 명확하지 않더라도, 이승만은 1950년대 후반의 한일회담에 대해 소극적이고 감정적인 자세가 아닌 적극적이고 현실적인 자세를 보이고 있었다는 점은 분명하다. 이승만은 협상과정을 통하여 청구권, 어업, 그리고 일본의 대 공산권 외교와 같은 실질적인 문제를 제기하였으며, 또한 그를 통해 미국의 일본 중심의 동북아 정책을 변화시키고자 노력하였다.[38]

---

36. 신욱희, 「동아시아의 냉전: 형성, 결과, 유산」, 『국제문제연구』 24, 2001–2002, pp. 20–21.
37. 자신의 회고록에서 기시는 이에 대해 "아시아에서 일본의 지위를 향상시키는 것, 즉 아시아의 중심은 일본이라는 것을 부각시키는 것이 결국은 아이젠하워와 만나 일미관계를 대등한 것으로 개선하려는 나의 입장을 강화할 것이라고 판단하고 있었다"라고 술회하고 있다. 이원덕, 『한일과거사 처리의 원점: 일본의 전후처리 외교와 한일회담』 서울대학교출판부, 1996, p. 100.
38. 신승준, 「이승만과 1950년대 후반기의 한일회담」, 서울대학교 외교학과 석사학위논문, 1999를 볼 것. 기시가 친한적인 태도를 보이기 이전인 1957년 1월 4일 한국은 원조와 경제정책에 대한 교섭을 위해 김현철 부흥부 장관을 대표로 하는 경제사절

올리버 박사는 이승만에게 한일회담에 있어서 "성공적인 결과를 이루어내려는 순수한 희망에 대해 모든 가능한 증거를 제시하는 것이 현명하며, 그래야 회담이 실패하더라도 한국정부에 비난이 돌아오지 않을 것"이라고 충고하였다.[39] 주한 미국대사관도 1957년 1월, 이승만이 "비록 그 자신의 조건에 따른 것이기는 하지만(although on his own terms) 일본과의 협상 타결에 점차적으로 열의를 보이고 있다"라고 결론지었다.[40] 이와 같은 이승만의 실리적인 대일 접근에 있어서 장애로 등장한 것은 재일 한국인의 북송문제였다.

1956년 7월 재일 한국인의 거주지 선택의 자유에 관한 국제적십자사의 서한 발송으로 시작된 이 문제는 1958년 9월 노동력 부족의 상황에 있던 북한이 귀국자 수용의 의사를 밝히고 조총련과 일본 사회당이 이를 적극적으로 지지하고 나섬에 따라서 본격화되었다. 후지야마 외상은 처음에는 유보적인 태도를 취했지만, 1958년 12월 이에 대해 전향적인 의사를 표명하고 이후 북송을 적극적으로 추진하였다. 한국정부는 국내적인 반대운동, 일본에 대한 회유와 압박, 국제적십자사에 대한 외교적 노력 등의 다각적인 조치를 취했으나 그 흐름을 바꿀 수는 없었다.[41]

테사 모리스-스즈키는 최근의 연구에서 다음에서 보는 것처럼 북송문제에 일본정부가 밀접하게 연계되어 있었다는 사실을 보여주고 있다.

> 일본 관리들이 북송운동을 지지한 이유는 이노우에(일본적십자 국제

단을 미국에 파견하였으며, 이 사절단은 미국 측과 환율과 곡물관련 문제를 협의하고 원조증대를 요청하는 한편, 한일관계 개선을 위한 미국의 중재를 요청한 바 있었다. 신승준, 1999, p. 60.

39. "올리버가 이승만과 프란체스카에게 보내는 편지," 『서한집 9』 1997, p. 190.

40. Macdonald, 1992, p. 131.

41. 이원덕, 1996, pp. 105-110.

부 책임자, 전 일본 외교관)가 1956년 5월 동아시아를 공식 방문 중이던 국제적십자위원회 임원 윌리엄 미셸(William Michel)과 나눈 대화에서 놀랄 만큼 분명하게 설명되어 있다. 이노우에는 국제적십자위원회 대표에게 다음과 같은 점을 일러주었다고 한다. 1. 조선인 문제 전체에 관해 일본 내에서 인도주의적 관심이 전혀 없다; 2. 일본정부는 막연하게 공산주의 성향을 지닌 수만 명의 궁핍한 조선인들을 처리해 버림으로써 안보문제와 (당시 빈곤한 조선인들에게 생활보호비를 지급한 데서 온) 예산문제를 일거에 해결하려고 한다; 3. 일본정부는 필요하다면 북한으로 가겠다는 개인적 요구를 의도적으로 부추겨서라도 송환에 착수하기로 결정했다 (나는 이 사실이 대대적이고 심각한 결과를 야기하리라 생각한다), (미셸이 ICRC에 보낸 1956년 5월 23일자 보고서, 제네바 국제적십자위원회 문서보관소 File B AG 232 105-002).

그러나 (이노우에가 뒤이어 설명한 대로) 이런 동기를 숨기기 위해서 그리고 한국정부의 반감을 피하기 위해, 일본정부는 일반적으로 비정치적이며 인도주의적이라고 알려진 NGO, 곧 국제적십자위원회를 통해 목적을 이루기로 결정했다. 다시 말해 그들은 일종의 '원격조정을 통한 송환'을 실시함으로써 일본당국이 선동한다는 것을 드러내지 않고서 집단 북송을 달성하길 바랐다.[42]

자신의 반공주의 이념과 대외적 위신, 그리고 국내정치적 기반을 직접적으로 위협하는 이 사태에 대하여 이승만은 적극적으로 대처하려 하였다. 그는 이 문제를 일본의 '추방 음모(deportation scheme)'라고 지칭하면서,[43] 현재의 한일 간의 위기는 전적으로 일본의 일방적

42. 테사 모리스-스즈키, 「북송사업과 탈냉전기 인권정치」, 『창작과 비평』 129, 2005년 가을, pp. 102-103. 실제적으로 1957년 9월 기시 수상은 북송에 대한 한국정부의 반발에 대해 일본적십자사가 나서서 국제적십자위원회로 하여금 "이 문제가 인도주의적 성격의 일임을 강조"하여 이를 무마해야 한다고 제안하였다. 테사 모리스-스즈키, 2005, pp. 103-104.

43. "프란체스카가 올리버에게 보내는 편지, 1959. 9. 10," 『서한집 9』 1997, p. 406. 이승만은 이 문제에 대해 일본은 송환(repatriation)이라는 용어를 쓰지만 우리는 추방

인 북송결정 때문이며,[44] 이는 한국의 주권에 대한 도전이자 한일회담에 대한 일본의 무성의를 보여주는 것이라고 비판하였다.[45] 그는 또한 일본의 북송 추진은 자국민을 보호해야 하는 한국정부의 의무와 이 결정이 사실상 일본이 북한을 승인하는 것이라는 관점에서 볼 때 절대 묵인할 수 없다고 주장하고 있다.[46] 이승만은 일본 정부가 거주자의 '자유로운' 선택을 강조하고 있지만 북송은 이들을 '자유로운' 지역으로 보내는 것이 아니라 '공산주의가 지배하는' 지역으로 보내는 것이기 때문에 인도주의적 원칙을 오용하고 있는 것이라고 지적하였다.[47]

다른 한편 이승만은 이 문제가 갖는 일본의 국내정치적 성격을 다음과 지적하고 있다.

> 일본 정부 측의 행동은 후지야마가 기시에 반대하여 행동하고 있다는 점을 제외하고는 사리에 맞지 않는다. 사회주의자들은 이미 기시를 친한파로 이름 붙였고, 그들의 목적은 당면한 몇 가지 사항을 타결하게 될 한일회담을 방해하려는 것이다.[48]

(deportation)이라는 용어를 사용해야 한다고 지적하였다. "이승만이 한표욱에게 보낸 서한, 1959. 7. 16," 외무부 문서, 릴 번호 O-0014, 773.1 US 1959 한.

44. "주미 대사관에서 경무대로 보낸 문서(대사관 성명서), 1959. 2. 19," 외무부 문서, 일 번호 O-0014, 773.1 US 1959 한. 이승만은 일본이 1957년 12월 31일 재일 한국인에 대해 일방적인 결정은 하지 않겠다고 한 약속을 어겼다고 비난하였다. "경무대에서 주미 대사관으로 보낸 서한, 1959. 4. 30," 외무부 문서, 릴 번호 O-0014, 773.1 US 1959 한.
45. "주미 대사관에서 경무대로 보낸 서한, 1959. 2. 19," 외무부 문서, 릴 번호 O-0014, 773-1 US 1959 한.
46. "주미 대사관에서 경무대로 보낸 서한, 1959. 2. 12," 외무부 문서, 릴 번호 O-0014, 773-1 US 1959 한.
47. "프란체스카가 올리버에게 보내는 편지, 1959. 2. 17,"『서한집 9』1997, p. 316.
48. "프란체스카가 올리버에게 보내는 편지, 1959. 2. 17."『서한집 9』1997, p. 316-317.

임병직 유엔 대사도 미국에서의 연설에서 유사한 입장을 피력하였다.

> (한일회담의) 성사 전망은 매우 밝았었다. 하지만 이 협상은 일본의 국내정치에 연루되고 말았다. 기시 수상은 사회주의자들의 심각한 공격 아래에 있었고 그에 대한 비판 중의 하나는 한국에 대해 '양보'를 했다는 것이었다. 이러한 정치적인 공격을 무마하기 위해 기시는 우리에게 했던 몇몇 약속들을 철회하였다. 그러자 일본의 공산주의자들이 이 기회를 이용하였고, 이는 일본정부가 수천의 한국인 거주자들을 북한으로 보내도록 하는 심각한 오류를 저지르는 결과로 이어졌다.[49]

당시 일본의 정치적 상황과 여론이 기시에게 불리하게 작용하는 것처럼 보였던 것은 사실이나, 기시는 북송문제에 대해 모호한 입장을 취할 뿐 그것을 저지하기 위한 행동을 취하지는 않으면서 사실상 그를 방관하였다.[50]

일본 정치인들의 음모와 기시의 태도를 비판하면서 이승만이 북송문제의 해결을 위해 기대를 걸었던 것은 미국의 영향력 행사였다. 미국의 NSC 문서 5429/5는 한국과 일본의 관계 개선의 중요성을 강조하면서 이 과정에서 등장할 수 있는 주요한 문제를 해결하는 데 있어서 미국의 '거중조정(good offices)'의 필요성을 지적한 바 있었다.[51] 하지만 미국정부는 1958년 2월, "거중조정의 요구가 주요한 문제를 해결하고 협력을 촉진시키는 것이 명백해지기 전까지는" 사전에 거중조정을 제공하지 않는다는 식으로 입장을 정리하였다.[52]

---

49. "임병직이 올리버에게 보내는 편지, 1959. 4. 20,"『서한집 9』1997, pp. 342-343.
50. 이원덕, 1996, p. 113. 이원덕은 이 맥락을 기시가 자신의 대 한반도 정책의 우선순위를 한일회담에서 북송추진으로 전환시키는 과정으로 설명하고 있으나, 미국과의 안보조약개정과 이후의 헌법개정 문제에 주의를 기울이고 있었던 기시가 한일관계의 개선에 어느 정도의 실질적 관심을 가지고 있었는지는 분명하지 않다고 하겠다.
51. Macdonald, 1992, p. 22.

같은 시기 다울링 미 대사는 워싱턴으로 보낸 전문을 통해 북한으로의 송환자에 대한 한국정부의 관심을 설명하고, 이 문제가 공식적인 한일회담의 재개를 어렵게 할 수도 있다는 가능성을 전달하였다.[53] 이어서 다울링 대사는 "일본 측의 제안으로 제기된 나쁜 기류(bad blood)가 한일국교정상화가 조기에 이루어지는 것을 어렵게 만들 수도 있으며, 북송 결정 이전에 이미 팽배해 있던 일본의 동기에 대한 한국정부의 의구심이 더욱더 커지고 있는 것 같다"라고 보고하고, "한일관계의 의미 있는 진전을 위해서는 이전보다도 미국의 좀 더 적극적인 역할이 요구될 것 같다"라고 지적하였다.[54] 이와 같은 다울링 대사의 지원 의사는 다음의 경무대 전문에도 나타나고 있다.

> UPI는 미국이 분명히 한일 간의 이견을 조정하기 위한 막후 노력(behind-the-scene efforts)을 전개할 것이라고 보도하고 있다. 다울링 주한대사는 동경에서 양국의 고위 외무관리 간의 비밀 회담을 준비하고 있으며, 미국은 양측에게 주요 문제들에 대해 솔직한 견해를 교환하고 어떠한 합의가 이루어질 수 있는가를 이야기하도록 촉구할 것이다. 다울링 대사는 이 일을 그가 한국을 떠나기 전에 하기를 원한다.[55]

그러나 이와 같은 대사관의 견해에 반해서 국무부는 계속해서 중립적인 자세를 견지하고 있었다. 한국담당 관리인 레인(Lane)은 "미국

52. Macdonald, 1992, p. 131.
53. From US Ambassador in Seoul to Washington D.C., 795B.00(W)/2-758, Decimal Files, RG 59, National Archives. 육군성(Deaprtment of the Army)의 Staff Communications Office의 자료로 남아 있는 이 문서철은 다울링 대사가 상당 기간 동안 한일관계의 진전 상황과 그에 대한 자신의 견해를 워싱턴에 보고한 내용을 상세하게 보여주고 있다.
54. From US Ambassador in Seoul to Washington D.C., 795B.00(W)/3-1359, Decimal Files, RG 59, National Archives.
55. "경무대에서 주미 대사관에 보내는 전문, 1959. 1. 10," 외무부 문서, 릴 번호 O-0013, 773.1 US 1959.

은 극동에서 우리의 동맹이자 친구인 두 나라 사이의 이 (북송문제를 둘러싼) 논쟁에 개입할 의사를 갖고 있지 않다"라고 말하고, "미국은 (이 문제에 대해) 거중조정을 행사하지도 않았고, 하려고 하지도 않는다"라고 덧붙였다.[56]

이승만은 국무부가 기본적으로 친일 그룹에 의해 장악되어 있다는 기존의 인식을 한 번 더 확인하게 되고, 새로 임명되는 파슨스 차관보도 그가 이전에 일본 공사를 지냈다는 점에서 일본의 영향을 받고 있을 것이라고 우려하였다.[57] 미 국무부의 태도에 실망한 이승만은 다음과 같이 이야기하고 있다.

> 국무부가 일본인들이 북송 계획을 진행시키고 있는 것에 대해 화난 척하는 것은 웃기는 일이다. 모든 사람이 국무부가 이 문제에 있어 일본 편을 들고 한국을 무시하고 있다는 점과 일본의 체면을 세워주는 것을 가장 중요하게 생각한다는 사실을 알고 있다.[58]
>
> 미국의 입장은 일본인들이 그들의 계획대로 진행하도록 놔두는 것이며, 나는 미국으로부터 얻는 도덕적 후원이 일본인들로 하여금 자연스럽게 완고한 자세를 취할 수 있도록 만든다는 점을 걱정한다.[59]
>
> 일본인들은 국무부가 그들을 지원하고 있다는 이유 하나만으로 북송

---

56. "Memorandum of Conversation," 795B.5/2-1859, Decimal Files, RG 59, National Archives. 결국은 다울링 대사도 한국정부에게 거주자의 자유로운 선택 원칙을 받아들일 것을 권고하게 된다. "경무대에서 주미 대사관으로 보낸 전문, 1959. 7. 11," 외무부 문서, 릴 번호 O-0013, 773.1 US 1959. 당시의 상황은 미 공사의 '적극적 관여'의 주장에 대해 국무부가 '불개입 정책'을 표명했던 청일전쟁 시기를 연상시킨다. 이에 관해서는 김현철, 「청일전쟁 시기 미국의 대조선정책의 이상과 현실」, 국제관계연구회 편, 『근대국제질서와 한반도』 을유문화사, 2002를 볼 것.
57. "이승만이 한표욱에게 보낸 서한, 1959. 4. 9," 외무부 문서, 릴 번호 O-0014, 773.1 US 1959 한.
58. "이승만이 한표욱에게 보낸 서한, 1959. 8. 21," 외무부 문서, 릴 번호 O-0014, 773.1 US 1959 한.
59. "이승만이 한표욱에게 보낸 서한, 1959. 9. 3," 외무부 문서, 릴 번호 O-0014, 773.1 US 1959 한.

음모에 매진해 나가고 있는 중이다.[60]

미국 행정부를 설득하는 것을 포기한 이승만은 미 언론에 영향력을 행사하거나 혹은 상원의원들로 하여금 이 문제에 관한 연설을 하도록 해서 국무부가 태도를 바꾸게 하는 간접적인 방법을 시도하려 했으나 이도 성과 없이 끝나게 된다.[61]

결과적으로 볼 때 미국에게 있어 당시의 한일협상은 다울링 대사가 표현하는 것처럼 '절박하나 희망이 없지는 않은(desperate but not hopeless)' 상황과 '희망이 없지만 절박하지는 않은(hopeless but not desperate)' 상황 중에서 후자에 가까웠던 것으로 보인다.[62] 상대적으로 소극적이었던 일본과 미국에 비해서 이 시기에 있어 한일회담에 가장 적극적인 의사를 보인 것은 바로 이승만이었다. 북송저지의 노력이 실패로 돌아간 이후인 1959년 8월에 한일회담은 재개되었고, 이승만은 1960년 3월에도 유태하 주일 대사에게 "한일회담은 금년에 꼭 해야겠네 … 내가 살아 있는 동안 회담을 성립시켜 놓고 그 뒤에 어떻게 돌아가는지 보고 싶네"라고 말하면서 한일 국교정상화에 대한 희망을 표시하고 있었다.[63]

1950년대 후반의 한미갈등은 안보와 국내정치, 그리고 경제적 요인이 복합적으로 작용한 결과였다. 그러나 한미 양국 사이의 주요한 안보적 마찰의 원인이 되어 왔던 이승만의 북진통일론의 문제는 전술핵이 도입되면서 사실상 해소되었고, 한일관계를 둘러싼 이견이 주

---

60. "이승만이 한표욱에게 보낸 서한, 1959. 9. 19," 외무부 문서, 릴 번호 O-0014, 773.1 US 1959 한.
61. "이승만이 한표욱에게 보낸 서한, 1959. 8. 5," 외무부 문서, 릴 번호 O-0014, 773.1 US 1959 한. 사이밍턴(Symington), 처치(Church), 어윈(Erwin) 상원의원 등이 그 대상으로 거명되고 있다. 하지만 로겔(Rogel)이라는 인물을 통해 추진되었던 이 로비 계획은 성공적으로 진행되지 못하였다.
62. From Dowling to Parsons, 611.95B/9-557, Decimal Files, RG 59, National Archives.
63. 박실, 『한국외교비사』 기린원, 1979, p. 235.

된 전략적 쟁점으로 남게 되었다. 하지만 이 시기 한일회담의 과정이 일본과 미국의 적극적인 추진과 그에 대한 이승만의 저항으로 특징짓는 종전의 주장은 수정, 보완될 필요가 있다.

한미일 삼국 정부는 당시 한일회담의 재개에 대해 모두 긍정적인 입장을 갖고 있었다. 그러나 북송문제의 등장으로 인해 협상이 중단되었을 때 일본과 미국은 이 문제 해결에 적극성을 보이지 않았다. 오히려 이 상황을 처리해 나가는 두 정부의 태도는 회담의 파국을 방임하는 양상을 보여주고 있었고, 이승만은 이러한 제약을 극복할 수 없었다. 미국은 이승만이 한일관계에 있어서 자신의 노선을 고수하는 한 사실상 회담 성사에 대해 적극적인 지원 의사를 갖고 있지 않았던 것으로 생각되며, 그 결과 미국과 일본이 한국을 경원하는 형태로 상황이 진행되었다고 볼 수 있다.

1950년대 후반 미니 데탕트로의 전환과정에서 아이젠하워 행정부는 제3세계 국가들의 국내정치적 안정과 경제성장에 주안점을 두게 되었고, 이러한 변화는 한미관계에 부분적인 갈등의 여지를 제공하였다. 그럼에도 불구하고 한일관계를 둘러싼 안보적 쟁점에 있어 한미 양국은 기본적으로 전략적 이해와 목표를 공유하고 있었다. 하지만 여기서 중요한 갈등의 요인으로 작용하게 된 것은 동아시아 안보에 있어서 미국이 설정한 한국의 역할과 이승만이 구상한 자신의 역할 사이에 존재한 격차의 존재였다. 이 시기에 이승만은 저항과 협상의 방식을 병행하면서 대미관계를 조율해 나가려 했지만 그의 정책은 구성의 방식을 결여하고 있었고, 이는 궁극적으로 제1공화국의 종언과 미국에 가장 순응적인 제2공화국의 등장으로 이어지게 되었던 것이다.

2. 박정희와 주한미군철수

두 번째의 역사적 사례 부분은 냉전체제가 좀 더 본격적인 전환의 양상을 겪게 되는 데탕트 시기의 한미관계의 쟁점과 그에 대한 박정희의 대미정책을 다룬다. 데탕트는 일반적으로 1970년대 초반의 변화로 간주되고 있지만 미국의 대 아시아 정책은 사실상 1960년대 초반부터 중요한 변화의 조짐을 보여주고 있었다. 이는 월남전의 영향, 미중관계 개선의 움직임, 그리고 미국의 국내정치적, 재정적 문제에 기인하였다. 데탕트 시기 한미동맹관계의 전환을 논의하면서 일반적으로는 미중관계의 변수와 닉슨 독트린을 강조하는 경우가 많지만, 이에 앞서 월남에서의 상황 변화에 따라 미국의 대 한반도 정책이 재검토되고 있었으며 그 작업은 닉슨 행정부가 아닌 존슨 행정부에서 실질적으로 이루어진 것이었다.[64]

1965년의 국무부 국가정책보고서(National Policy Paper, NPP)와 1968년의 정책보고서의 내용을 비교해 보면 이와 같은 정책적 전환의 양상이 분명하게 드러난다.[65] 두 자료에 따르면 미국이 한국에서 갖는 포괄적인 안보 이익은 다음의 세 가지로 요약된다.

1. 일본과 공산 아시아 사이의 완충지로서, 그리고 아시아 본토에 대한 자유세계의 전진 방어기지로서 한국의 존재를 유지하는 것
2. 비공산주의적인 국가건설을 선전하는 사례로 한국을 유지하는 것
3. 우방으로서 미국의 동맹과 지원의 신뢰성, 혹은 의존 가능성을 보여주는

---

64. 신욱희, 「기회에서 교착상태로: 데탕트 시기 한미관계와 한반도의 국제정치」, 『한국정치외교사논총』 26, 2, 2005를 볼 것.

65. Department of State, National Policy Paper: The Republic of Korea, 1965; Department of State, US Policy toward Korea, 1968. 물론 이 보고서들이 미 행정부의 공식입장을 나타내는 것은 아니며. 구체적인 정책 선택을 위한 사전 검토의 의미를 갖는다는 점이 고려되어야 할 것이다.

사례로서 한국을 유지하는 것

개략적으로 볼 때 두 보고서는 위 목표를 모두 포괄하고 있으나 각각의 보고서가 세 가지 목표에 대해 비중을 두고 있는 방식은 큰 차이를 보여준다. 1965년의 보고서가 한국의 정치적 안정이나 경제적 성장, 그리고 상징적인 의미를 강조하면서 2와 3의 목표에 큰 비중을 두고 있는 반면, 1968년의 보고서는 미국의 부담을 감소시키는 것을 전제로 하면서, 일본의 안보를 위한 완충지로서의 한국이라는 1의 군사적인 목표에 집중하고 있다.[66]

한국의 미 대사관은 기존의 한국에 대한 정책보고서를 1968년에 수정하는 데 있어서 중요한 사항 중의 하나는 보고서의 범위를 남한만이 아니라 한반도 전체로 넓히면서, 북한을 '구체적인 정책이나 계획의 대상(a specific policy and program objective)'으로 간주하는 것이라고 권고하였다.[67] 1.21 사태에 대한 미국의 소극적 대응과 푸에블로호 피랍에 따른 북한과의 비밀협상은 냉전적인 우적관계의 양분법으로부터 보다 현실적 입장으로의 대북인식의 변화에 기반하고 있었다고 할 수 있다. 1.21 사태에 대해 강력한 대응을 하기 원했던 박정희 정부에 비해 미국은 지극히 미온적 태도를 보였다. 하지만 이틀 후 푸에블로호가 피랍되자 미국은 엔터프라이즈호를 원산만으로 급파하였고, 유엔안보리를 소집하고 소련에 협조를 요청하는 서한을 발송하는 등 적극적으로 움직였다.[68]

---

66. 이는 1965년까지의 한국에 대한 정책적 고려가 초기 냉전전략의 특징인 내부안보의 문제나 이념적 고려를 포함하고 있었다면 1968년경의 정책은 좀 더 현실주의적인 특징을 갖게 되었음을 의미한다.

67. From American Embassy(Seoul) to Department of State, June 3, 1968, Pol 1 Kor-US, Subject-Numeric Files, RG 59, National Archives.

68. 이 사건에 대한 상세한 미국 측 기록을 위해서는 Historical Studies Division, Department of State, "The USS Pueblo Incident," October, 1968을 참조할 것.

미국의 대응에 대하여 북한은 조선노동당 중앙위원회 서기 김광협 명의의 성명을 통해 판문점에서 미국과 직접 대화할 의사를 공개적으로 표명한다. 미국도 국무부와 유엔대표부의 성명을 통해 북한과 협상할 의사가 있음을 밝혔고, 그 결과 2월 2일부터 비밀회담이 개시되어 7일까지 계속되었다. 이에 대해 박정희는 한국 영토 내에서 한국 정부의 참여 없이 북한과 미국이 직접 회담을 갖는 것은 한국의 '주권'을 침해하는 행위라는 취지의 각서를 미국에게 전달하였다.[69]

이와 같은 전환에 중요한 것은 위에 언급한 것처럼 베트남의 상황이었는데, 1968년의 문서는 베트남전을 향후 2년 내에 종결하는 것으로 가정하면서 한국에서 미국이 취할 수 있는 전략적 선택을 ① 급속하고 완전한 비개입, ② 한국의 통일을 지향한 보다 점진적인 비개입, ③ 현재 연관 정도의 감축, ④ 현 상태의 유지, ⑤ 북한의 위협에 미국의 병참지원만으로도 남한이 단독으로 대처할 정도의 자원투입, ⑥ 북중 연합군의 공격에 미국의 병참지원과 해, 공군 지원(육상군 지원 제외)으로 대처할 정도의 자원 투입의 6가지 대안 중 ③이나 ⑤로 꼽고 있었다. 이후의 주한미군 감축에서 나타난 것과 같이 1968년도 보고서의 제안은 구체적인 내용이나 일정은 변화되었지만 데탕트 시기 미국 대한정책의 기본 골격을 이루게 되었다.

1969년의 닉슨 독트린은 이러한 미국의 아시아 정책 변화의 공식화에 해당한다고 볼 수 있다. 당시 국무부 정책기획국장인 로드(Lord)는 키신저(Kissinger)에게 보내는 정책건의서에서 닉슨 독트린의 요체를 다음과 같이 설명하고 있다.

---

69. 양성철·문정인, 「한미 안보관계의 재조명: '푸에블로호' 사건의 위기 및 동맹관리를 중심으로」, 안병준 편, 『한국과 미국 I』 경남대학교 출판부, 1988을 참조할 것. 이 사건을 둘러싼 북미, 한미 간의 협상과정을 위해서는 홍석률, 「1968년 푸에블로 사건과 남한, 북한, 미국의 삼각관계」, 『한국사연구』 113, 2001을 볼 것. 홍석률은 미국은 북한과 대화하기에 앞서서 소련과의 대화를 먼저 모색했으며, 북미협상은 다른 대안이 없는 상태에서 취한 조치였다는 입장을 취하고 있다.

> 애초에 아시아에서 대전략 같은 것은 존재하지 않는다는 것을 인식하는 것이 유용하다 … 우리가 그를 위해 "싸워야 한다"는 "핵심적 이익"을 나타내는 추상적 방어선 같은 것을 설정하려 하는 것은 쓸데없는 일이다. 그리고 우리가 중심적인 계획을 구상한다 하더라도 사태의 진전이 전술적인 이탈을 요구하게 된다면 일관성을 위해 그것에 집착할 수는 없는 것이다 … 따라서 우리는 이제 우리가 아시아에 대한 이전의 접근법(적극적 전략)을 계속 따를 것인가 아니면 소극적인 자세와 좀 더 보조적인 역할(소극적 전략) 쪽으로 움직일 것인가를 결정하여야 한다. 현 행정부는 이미 선언과 행동을 통해 후자의 경로로 움직이고 있다.[70]

닉슨 행정부에서 이루어진 대외정책의 전환은 양극체제를 타파하고 다극적인 세계의 잠재력과 필요성을 강조하는 새로운 접근법에 부합되는 것으로 정당화되었고, 키신저는 1968년에 이미 "미국의 공약을 자신의 이익에, 그리고 미국의 의무를 자신의 목적에 일치시키는" 노력의 필요성을 강조한 바 있었다.[71] 하지만 문제는 미국이 아시아에서 자신의 정책적 자율성과 탄력성을 모색하면서 기존의 냉전기 동맹국들에 대한 상대적인 배려를 하지 않았다는 점이다. 미중관계 개선의 사례는 미국의 정책 변경에 대한 동맹국과의 사전적, 사후적 조율을 부재를 보여주는 가장 전형적인 예이다. 근래 공개된 국무부 자료들은 미국과 중국이 협상을 하는 과정에서 한반도 문제가 상당한 정도로 거론되었다는 것을 보여주고 있다.[72] 하지만 박정희는 미국으로부터 어떠한 사전정보나 논의도 받은 적이 없었고, 1971년

70. Memorandum for Dr. Kissinger, Jan. 23, 1970, Director's Files(Winston Lord), PPS Files, RG 59, National Archives.

71. R. Litwak, *Détente and the Nixon Doctrine: American Foreign Policy and the Pursuit of Stability, 1969–1976*, Cambridge University Press, 1984.

72. 비록 내부연구이기는 하지만 국무부 정책기획실은 한반도의 중립화 구상에 대한 논의를 검토하기도 하였다. Memorandum, May 7, 1968, Director's Files(Winston Lord), PPS Files, RG 59, National Archives.

7월의 주은래-키신저 회담을 충격으로 받아들이고 후견국인 미국의 신뢰도에 대해 의심을 갖게 되었던 것이다.[73]

데탕트 시기 한미갈등의 가장 결정적인 계기로 작용한 것은 1970년에 가시화된 주한미군 철수의 문제라 할 것이다. 사후적으로 볼 때 당시 베트남전의 상황 전개, 미중관계의 개선 움직임과 주한미군의 철수는 밀접한 상관관계가 있었던 것으로 파악되지만, 막상 당사자인 한국정부는 닉슨 독트린 발표 이후에도 한국이 베트남에 파병하고 있는 한 주한미군이 철수하거나 감축되는 일은 없을 것이라고 믿고 있었다. 사실 박정희는 월남 파병을 미국의 대한 공약 확보와 주한미군의 지속적인 주둔과 함께 한국군 규모 유지의 목적을 위해서도 활용하려 했었다.[74]

1969년 3월의 한미 합동훈련(Focus Retina)의 실시는 한국으로 하여금 미국이 지상군을 감축하고 이를 원거리 지원으로 대체할 수도 있다는 불안감을 갖게 하였고,[75] 1960년대 후반의 베트남에서의 미군 감축이 한국에서의 미군 철수로 이어질지도 모른다고 한국이 염려하고 있다고 보도된 바 있었다.[76] 하지만 한국정부는 그 실제적인 가능

---

73. 오버도퍼(Oberdorfer)는 김성진 장관의 말을 인용하면서 박정희는 이러한 상황의 전개를 만약 북한이 다시 남침하게 되면 미국은 한국을 도와주지 않을 것이라는 메시지로 받아들였다고 말한다. D. Oberdorfer, *The Two Koreas: A Contemporary History*, Addison-Wesley, 1997, p. 13. 이에 비해 김일성은 키신저가 중국에 입국할 당시 북경에 머무르고 있었으며, 회담 직후 중국 정부는 북한에 고위관료를 보내 미국과의 토의 내용을 상세하게 설명하였다. 또한 같은 해 북한에 대한 새로운 경제지원을 승인하고 15년간의 군사원조에 합의하는 모습을 보여주었다. Oberdorfer, 1997, p. 12.

74. 주한 미 대사관은 미국은 장기적으로 한국군 감축을 목표로 하고 있으며 한국정부도 이를 이해하고 있지만, 이를 위한 협상에서 한국이 베트남에서 군사적인 공헌을 하고 있다는 점이 고려되어 왔다고 말하고 있다. From American Embassy(Seoul) to Department of State, April 3, 1967, Def 19 Kor S-US, Subject-Numeric Files, National Archives. 한국군 감축에 대한 논의는 1971년 5월에 다시 등장하게 되었다. From American Embassy(Seoul) to Department of State, May 4, 1971, Def 6 Kor S. Subject-Numeric Files, RG 59, National Archives를 볼 것.

75. *New York Times*, 1969. 3. 20.

성에 대해서는 낮은 비중을 두고 있었던 것으로 보인다. 한국의 한 관료는 미군 감축은 북한의 오산을 야기할 수 있기 때문에 닉슨 독트린은 한국에는 적용되지 않을 것이라고 말했으며, 다른 관료는 한국이 북한과 군사적으로 대등해지려면 적어도 5년은 걸릴 것인데 북한은 한국이 더 강해지기 전에 한국을 재차 공격하려 할 것이라고 지적하였다. 박정희는 한국이 공산주의의 침략을 스스로 방어할 수 있을 때까지는 주한미군의 주둔이 '절대적으로 필요하다'는 점을 강조하였다.[77]

1969년에 작성된 미국의 국가안보연구 비망록(NSSM) 27은 주한미 지상군 2개 사단을 모두 철수시키는 안, 1개 사단만을 철수시키는 안, 몇 개 여단을 남기는 안의 세 가지를 구체적인 정책안으로 고려하고 있었다. 같은 해 6월 국방장관 레어드(Laird)가 하원 청문회에 출석하여 주한미군 철수를 고려하고 있다고 증언하였고, 사실상 이 시기부터 미국은 비공식적으로 주한미군의 일부를 철수시키기 시작하였다. 1970년에 들어서 미국의 철군정책은 가시화되었다. 3월 20일 미 정부는 국가안보결정 비망록(NSDM) 48을 공식적으로 채택하였고, 그 내용은 이후 이루어진 철군정책과 거의 일치하는 것이었다.[78] 이 비망록은 철군 시기를 한국정부와 상의하도록 하였는데, 이에 따라 3월 27일 주한미군 철수에 관한 미국의 입장을 박정희에게 전달하였다. 한국정부의 강력한 반발에 부딪힌 미국은 그 해 6월 주한미군 1개 사단의 철수결정을 일방적으로 통보하게 된다.[79]

---

76. *Christian Science Monitor*, 1969. 11. 15.
77. *New York Times*, 1970. 6. 24. 주한미군 감축 우려에 대한 대안으로 정일권 총리는 오키나와에 주둔하고 있는 미군을 제주도를 비롯한 한국의 도서지역으로 이전하는 것을 제안하기도 하였다. Jung Ha Lee, "The Impact of the Nixon Doctrine on South Korea: A Critical Analysis of U.S.-South Korean Relations, 1969-1976," Ph. D. Dissertation, The Catholic University of America, 1980, p. 143.
78. "박 대통령의 아킬레스건,"『정경문화』1986. 2. 이 글은 1978년 미 하원 국제관계위원회의 「한미관계조사보고서(프레이저 보고서)」의 핵심 내용을 번역한 것이다.

주한미군 철수가 공식화된 이후 한국의 국방부 장관 정래혁은 국회에서 미군철수에 대응한 월남에서의 한국군 철수 논의가 있다고 언급하면서,[80] 닉슨 독트린은 한국의 특별한 안보환경을 고려해서 유연하게 적용되어야 한다고 재차 강조하였다.[81] 하지만 애그뉴(Agnew) 부통령은 1970년 8월 철군과 그에 따른 군사원조 문제의 협의를 위한 한국 방문을 마치고 돌아가는 길에 미국은 이제 군사적 관점보다는 다른 관점에서 아시아를 보아야 하며, 한국군의 현대화가 이루어지면 주한미군은 모두 철수하게 될 것이라고 말했다.[82]

미국의 1개 사단 철수 계획에 대해 한국 측은 각 사단에서의 부분 철수와 한국군으로의 대체를 제안하였고, 주한미군 사령관인 미켈리스(Michaelis) 장군도 이에 동의하였지만 미국 정부는 이를 거절하였다.[83] 1971년 2월 6일 한미 양국은 7사단을 완전히 철수시키고 2사

---

79. 사실상 미국은 1969년 12월 한국의 대사급 요인에게 주한미군의 철수 사실을 비공식적으로 처음 알려주었다. 이에 따라 한국은 1970년 2월부터 3개월 동안 정일권 총리를 위원장으로 하는 특별위원회를 구성하여 거의 매일 대책회의를 가졌다고 한다. 익명의 전 외교관과의 인터뷰, 1999년 3월 25일.

80. *New York Times*, 1970. 8. 25.

81. *Christian Science Monitor*, 1970. 8. 27. 하지만 1970년의 미 의회 기록은 한국을 닉슨 독트린 적용의 가장 적합한 사례로 생각하고 있던 미국의 정책적 고려를 나타내 준다. 이는 ① 북한 지상군의 능력을 막을 수 있는 지상군은 남한에 있고 이는 미 공군의 지원을 받을 수 있으며, ② 남한을 중국과 북한의 공격으로부터 방어하겠다는 미국의 공약이 있으면 미국의 1개 사단 철수로 그 억제력이 약화되지는 않을 것이며, ③ 현재 미국 사단의 전방 배치는 자동개입의 위험과 미군의 희생이라는 비용을 수반하며, ④ 가장 중요한 것은 남한이 자립할 시기가 되었다는 것이라고 지적하고 있다. Congressional Record-Senate, April 9, 1970, pp. 5514-5518.

82. 실제로 국무부와 국방부는 1개 사단 철수 이후 추가철수를 계획하고 있었고, 키신저도 한국군의 전력 증강 또는 주월 한국군의 복귀에 의한 전력손실의 보상을 전제로 1972년 말 추가철수의 계획에 동의하였다. 하지만 이후 국방부의 추가철수 주장과 그에 대한 논쟁에 있어서 키신저는 신중론을 취하게 된다. 김수광, 「닉슨-포드 행정부의 대 한반도 안보정책 연구: 한국방위의 한국화 정책과 한미연합방위체제의 변화」, 서울대학교 외교학과 박사학위 논문, 2008, 3장을 볼 것.

83. *San Francisco Chronicle*, 1970. 11. 05.

단을 후방으로 재배치하여 휴전선 155마일 전체를 한국군이 전담하게 되었다고 공식적으로 발표함으로써 주한미군 감축문제는 일단 종결되었다.

미국은 대체적으로 데탕트의 분위기에서 1개 사단의 철수가 한반도, 그리고 동아시아에서의 세력균형에 큰 영향을 미치지 않을 것으로 생각한 반면, 박정희는 데탕트로의 전환 자체가 약소국에게는 불리한 조건으로 작용할 수 있다고 보고 이에 대한 새로운 '생존의 전략'을 모색하게 된다.[84] 박정희는 이러한 문제를 동맹과 자주의 양면에서 해결하고자 하였다. 그 중 하나가 미국과의 새로운 군사협력 관계를 위한 노력이라면, 다른 하나는 내부적 동원과 전략무기 개발을 통한 자율성의 모색이라고 할 수 있을 것이다.[85] 한국군 현대화를 위한 미국으로부터의 지원 확보를 위한 협상은 전자의 사례를 잘 보여준다.[86]

박정희와 애그뉴는 2차에 걸친 회담에서 주한미군 감축과 한국군 현대화를 동시에 추진하고, 미국은 한국에게 매년 2억 달러 정도의 군사지원을 하기로 합의하였다. 1970년 12월 미 의회는 1억 5,000만 달러의 대한 특별군사원조안을 통과시킴으로써 이 합의는 실제로 이

84. C. Morrison and A. Suhrke, *Strategies of Survival: The Foreign Policy Dilemmas of Smaller States*, University of Queensland Press, 1978, pp. 28–29.

85. 이에 반해 박태균은 박정희가 이보다 일찍 국내정치적 이유에서 동원체제를 강화해 나가고 있었다고 주장한다. 박태균, 「1960년대 말 박정희 정권의 동원체제 형성과정」, 한국사회사학회 월례연구발표회 발표논문, 2004. 5. 29.

86. 박정희는 주한미군 철수 문제에 대한 포터(Porter) 대사와의 면담에서 미국의 일방적 처사에 대해 불만을 표시하고 이러한 일들이 양국 간의 신뢰 문제에 영향을 준다고 강조하였다. 그리고 향후 한국군 현대화에 관련된 회담에서 만족할 만한 결과와 이행이 없는 한 감군 이후의 합동 계획에서 한국 측의 협력을 얻기는 힘들 것이라고 경고하였다. 하지만 박정희는 미국이 제공할 수 있는 군사장비들에 대한 관심을 표시하고 현대화 계획에 대한 논의가 진행되는 한 미국과의 대화는 계속하겠다는 입장을 전달하였다. From American Embassy(Seoul) to Department of State, August 4, 1970, Pol 17, Kor S-US, Subject-Numeric Files, RG 59, National Archives.

행되었다. 미 정부는 또한 1971년 7월의 안보협력회의에서 한국의 안보상황에 대하여 한미상호방위조약에 기초한 신속하고 효과적인 지원 입장을 재확인하였다. 하지만 박정희는 자신이 요구하는 것만큼 미국의 구체적인 보장이나 공약 제시가 충분하지 못하다고 생각하였다. 한국 측은 한반도의 위기에 대한 미국의 자동개입을 주장했지만 미국 측은 의회와의 협의와 헌법상 문제를 들어 이를 수용하지 않았다.[87]

1960년대 후반 1.21 사태와 푸에블로호 사건을 통해 이미 미국에 대한 불신을 갖게 된 한국정부는 자주국방을 통한 일련의 조치를 취하기 시작하였다. 박정희는 1968년 2월 7일 경전선 개통식 연설에서 '자위를 위한 중대선언'을 통하여 250만 '향토예비군'의 창설을 선언하였고, 2월 16일 이 중 100만 명을 무장시킬 것이라고 공식적으로 밝혔다. 예비군은 그 해 4월 대전에서 정식으로 발족하였고, 이를 무장시키기 위해 한국은 M-16 자동소총 공장을 한국에 건설하기로 미국과 합의하였다.

박정희의 자주국방 노선은 주한미군 철수를 계기로 본격적으로 추진되었다. 박정희는 1971년 2월 베트남에 파병된 국군의 철수를 지시했으며, 그해 4월부터 청룡부대가 철수하기 시작하였다.[88] 박정희는 방위산업을 본격적으로 육성하기 위해서 유럽과 일본으로부터 차관 도입을 시도하였으나 계획대로 되지 않았고, 그 결과 박정희는 독창적인 방위산업 정책을 추진하게 되었다. 이 결정은 1971년 11월 9일 박정희, 김정렴 비서실장, 오원철 차관보의 3자 회동에서 이루어졌는데, 그 핵심은 중화학공업과 방위산업을 동시에 육성한다는 안보적 요구에 의한 경제정책의 방안이었다.[89] 이후 한국의 자주국방 모

87. *New York Times*, 1971. 7. 14.

88. 유양수 전 베트남 대사와의 인터뷰, 1999년 4월 8일.

89. 김정렴, 『한국경제정책 30년사』 중앙일보사, 1995, pp. 322-324. 정책전환의 자세한

색은 단순히 재래식 무기의 생산에 그치지 않고 핵과 전략무기의 개발로 나아가게 됨에 따라 한미동맹은 중요한 전환기를 맞게 된다.[90]

세계적이고 지역적인 수준의 데탕트의 도래는 한반도의 국지적 수준에서도 체제 전환의 계기를 제공하였고, 이 또한 미국의 정책변화와 밀접한 관계를 갖고 있었다. 미국정부는 이 시기에 이르러 한국전쟁 이래 형성되어 온 한반도의 냉전적 구도의 변화를 모색하게 되며, 이는 국제연합(UN)에서의 한국문제에 대한 재고에서 잘 나타나고 있다. 하지만 남북한 관계의 실질적 개선이 이러한 정책적 전환의 직접적 목표였다기보다는 미중관계의 개선, 그리고 그에 따른 중국의 UN 가입문제의 대두가 일차적인 동기로 작용하였다. 또한 미국은 한국이 이제 자신의 국가능력의 성장을 받아들이고 그에 걸맞은 역할을 수행해야 한다고 생각하고 있었다. 1971년 미 대사관의 한 전문은 한국에서의 국제연합군 사령부(UNC)의 존재에 대한 재검토를 제의하면서 다음과 같이 언급한다.

> 한국은 1948년의 무력한 피후견국의 위치에서 지금은 크게 발전된 국가로 변모했다 … UN 또한 1948년과는 다른 성격을 띠게 되었다 … 소위 한국문제라는 것은 UN에서 거의 연례행사 비슷한 것이 되었지만 오늘날의 UN이 한국에 관해 새롭고 적극적인 행동을 취할 수 있을 것 같지는 않으며, 또한 보편성의 원리에 따라 북한을 인정하는 것이 당연한 것일 수도 있게 되었다 … 남한과 북한의 통일을 실현시키기 위한 UN의 역할은 시간이 흐름에 따라, UN 회원국들의 구성이 바뀜에 따라, 그리고 먼저 해결해야 할 다른 국제적 문제들이 출현함에 따라 점차 그 중요성이 약해지고 있다 … UNC는 한국에 대한 UN의 책임을 상징적

맥락을 위해서는 조인원, 『국가와 선택』 나남출판, 1998을 참조할 것.

90. 이후의 안보적 민족주의의 대두와 전략무기 개발의 문제에 대해서는 S. Kim, "Security, Nationalism and Pursuit of Nuclear Weapons and Missiles: The South Korean Case, 1970–1982," *Diplomacy and Statecraft*, 12, 4를 볼 것.

으로만 나타내는 것이 되었고, 시간이 흐름에 따라 그 실제적인 내용은 대부분 없어져 버렸다 … 이렇듯 우리는 한국에서의 UNC의 존재에 대해 다시 한 번 생각해 볼 때가 된 것이다 … 한국정부는 최근에 이룬 경제적 성장, 1인당 대비의 강력한 군사력에도 불구하고 동맹국에 의존하는 자세를 계속 취하고 있다 … 스스로가 약하고 외부에 종속되어 있다는 한국인들의 자기인식은 미국이 한국과 갖게 되는 여러 관계에서 마찰을 빚게끔 만든다 … 한국은 20년 전에 받았던 양보를 지금 받지 못한다는 이유를 들어 불만을 말하고 있다 … 한국인들은 그들의 나라가 실제로 약하다고 느끼지 않더라도 외부적인 문제에 대해서는 되도록 많은 것을 얻어내려 하기 때문인지 자신의 국가가 대외 의존적이라고 생각하고 있는 듯하다. 미국이 한국을 영원히 돌보아 줄 것이라는 그들의 생각은 한국의 대외정책이 경직화되는데 한 원인으로 작용하였고, 아시아에서 생겨나고 있는 국제정세의 변화를 쉽게 수용하지 않으려 하는 결과를 낳았으며, 한국이 미국으로서는 더 이상 달갑지 않은 요구를 계속해서 하게 되는 원인이 되었다. 또한 이러한 생각은 한국이 미국 이외의 나라와의 외교를 하는 데 있어서도 부정적인 결과를 가져왔다 … 결론적으로 이제 우리는 한국에서 UNC, 국제연합통일재건위원단(UNCURK)으로 대표되는 UN의 존재에 대해서 심각하게 재고해 볼 때가 되었다고 본다.[91]

위와 같은 대 한반도 인식의 변화에 따라 미국정부는 한반도의 해빙을 구체적인 정책목표로 설정하게 된다. 미국의 정책검토 문건인 PARA Korea FY 1973은 '미국의 이해에 부합하도록 남한과 북한 간의 관계의 증진을 도모하는 것'을 1972-1975년 동안 미국이 한반도에서 추구할 정책 중의 하나로 꼽으면서 다음과 같이 제안하고 있다.

한반도에서 지난 20년간의 정치, 군사적 균형은 남한과 북한 사이의

91. From American Embassy(Seoul) to Department of State, June 8, 1971, Pol 1 Kor S-US, Subject-Numeric Files, RG 59, National Archives.

적의와 미국과 소련, 중국과의 지구적 대립관계에 토대를 두어 왔다. 이러한 균형은 안정적이었지만 그 안정은 또한 깨지기 쉬운 것이었다. 모든 주변 4강은 그것이 깨어질 경우 전쟁에 휘말릴 가능성을 갖고 있다.

이 상황은 현재 근본적인 변화를 겪고 있다. 소련과 공산 중국은 깊은 이해관계의 상충을 보여주고 있으며, 일본은 정치적, 경제적 영역에서 자신의 권리를 가진 강대국으로 부상하였다. 미국과 중화인민공화국은 둘 사이의 관계를 개선하려는 노력을 진행시키고 있고, 남한과 북한은 화해의 잠정적인 시도를 행하였다. 이러한 발전은 미국, 일본, 중국, 그리고 소련이 지원할 수 있는 남한과 북한 간의 정치적 화해를 통해 이 지역의 긴장을 완화시킬 수 있는 외교적 노력의 기회를 제공할 수도 있다. 이 단계에서 화해의 형태나 그 내용을 명확하게 정의할 필요는 없다. 여기서 요구되는 것은 관련된 모든 나라가 한반도의 통일이 현 시점에서는 가능하지 않다는 것을 인식하는 것이다. 정치적 화해는 그 성격에 따라 미국의 이해와 일치시킬 수도 있다. 왜냐하면 그것은 적의의 재발 가능성을 감소시킬 수 있고, 남한에 대한 우리의 공약과 연관된 위험을 줄일 수 있으며, 동북아의 다른 주요 국가들과의 관계를 개선시키는데 있어 장애를 제거할 수 있기 때문이다.

향후 4년간 미국의 이익과 목표에 부합되는 형태로 남한과 북한과의 정치적 화해를 도모하는 것이 미국의 목표가 되어야 한다.[92]

---

92. East Asian Interdepartmental Group, Policy Analysis Resoruce Allocation(PARA) Korea, FY 1973, March 14, 1972, Pol 1 Kor-US, Subject-Numeric Files, RG 59, National Archives, pp. 7–8. 미 국무부는 NSSM 154에서 "한반도에 진정한 데탕트의 가능성이 찾아 왔다"고 전제하고 미국이 선택할 수 있는 정책적 대안의 유형을 제시하였다. 이들 대안들은 한반도 긴장완화를 위한 남북 간의 정치적 화해과정에서 한국정부와 미국을 포함한 주변 강대국들의 역할과 개입 정도에 따라 구분되었는데, 이는 ① 한국이 주도하고 미국이 지원하는 방안, ② 남북화해의 속도를 완화시키는 방안, ③ 남북화해를 독려하는 방안, ④ 강대국들, 특히 미국과 중국이 주도하는 방안의 네 가지였다. 국무부는 세 번째 방안을 지지했던 반면, 키신저와 NSC는 이후 상황의 변화에 따라 미중 간의 협상을 통한 네 번째 방안에 중점을 두게 되었다. 김수광, 2008, pp. 194–203.

이러한 미국의 전환적인 입장은 한국의 8.15 평화통일 구상 선언, 남북 적십자 회담, 7.4 남북공동성명, 그리고 6.23 선언으로 이어지는 남북한 관계 변화의 주요한 외부적 환경이 된 것이었다. 1970년 광복절 경축사에서 박정희는 북한이 무력통일노선을 포기한다면 "남북한에 가로 놓인 인위적 장벽을 단계적으로 제거해 나갈 수 있는 획기적이고 보다 현실적인 방안을 제시, 시행할 용의가 있다"고 밝혔다.[93] 이 당시 미국은 이미 북한과의 직접적 협상을 꺼리는 한국정부의 입장에 대해 불만을 표시하고 있었으며, 포터 대사는 1970년 6월의 한 전문에서 한국이 "직접적인 협상까지는 아니더라도 평화적 의도와 점진적 통일에 대한 열망을 강조하는 적극적인 선언"을 해 볼 필요도 있다고 말한 바 있었다.[94] 이 연설에 대해 미국은 UN에 의한 북한의 무력사용 포기 증명을 요구한 한국정부의 조건 제시가 남북한관계에 대한 "현실적 방책의 숙고를 무한정 연기하려는 것"으로 생각되며 양국 간의 관계에 대한 실질적인 변화를 모색하려는 것으로 보이지 않는다고 논평하면서도, 북한을 하나의 '정치적 실체'로 묵시적으로 인정한다는 점에서 한국정부가 협상의 가능성을 열어놓은 것에 주목하여야 한다고 지적하고 있다.[95]

1971년 2월의 전문에서 포터 대사는 남북한 간의 직접적 접촉을 위해 미국정부가 한국에 대해 '설득 이상의 적극적인 노력'을 할 필요가 있으며, 이에 대해 만족할 만한 반응이 없을 경우 미국이 직접 한반도의 긴장완화를 위한 일련의 조치들을 취할 것임을 한국정부에

93. "광복 25주년 박정희 대통령 경축사," 외무부, 『대한민국연표』 1970, pp. 298-302.

94. "Some Thoughts on Reunification," June 9, 1970, Pol 32-4 Kor S, Subject-Numeric Files, RG 59, National Archives, 우승지, 「남북관계와 한미동맹관계의 이해, 1969-1973」, 『한국정치외교사논총』 26, 1, 2004, p. 100에서 재인용.

95. From American Embassy(Seoul) to Secretary of State, August 18, 1970, Pol 15-1 Kor S, Subject-Numeric Files RG 59 National Archives; Bureau of Intelligence and Research, Intelligence Note, August 21, 1970, Pol 15-1 Kor S, Subject-Numeric Files, RG 59, National Archives.

통보해야 할 것이라고 제안하였다.[96] 같은 해 대선과 총선, 그리고 개각이 치러진 후 8월 12일, 대한적십자사 최두선 총재는 특별성명을 발표하고 북한에 '천만이산가족찾기운동'을 제의하였다. 의외로 북한적십자사 중앙위원회 손성필 위원장이 이에 화답해 옴으로써 남북대화의 계기가 주어지게 되었고, 이후 1972년 8월까지 양측은 판문점에서 모두 25차례의 예비회담을 가졌다. 이후락 중앙정보부장의 표현을 빌리면 '대화 없는 남북대결에서 대화 있는 남북대결'의 시대가 열린 것이었다.[97]

닉슨은 박정희에게 보내는 1971년 11월의 서한에서 한국이 추진하고 있는 적십자 회담을 긍정적으로 평가하고, 이러한 접촉이 북한과의 더욱 활발한 대화로 이어질 것으로 믿고 있다고 말했다.[98] 이후 양국 적십자 간의 접촉은 실질적인 정치회담으로 이어지게 되었다. 1971년 말 한적의 정홍진과 북적의 김덕현이 만나 이후락과 김영주 사이의 양자회담을 갖는 것에 합의하였고, 이를 위한 준비 작업으로 평양과 서울을 비밀리에 교환방문하였다. 1972년 5월 이후락은 평양을 방문하여 김일성, 김영주와 만났고, 박성철은 서울에 와서 박정희와 면담을 가졌다. 그 결과 1972년 7월 4일 남북한은 서울과 평양에서 자주, 평화, 민족대단결의 조국통일 3원칙을 담은 남북공동성명을 발표하였다. 그리고 같은 해 7월 남북적십자 본회담이, 그리고 같은 해 11월 남북조절위원회 회담이 열리게 된다.[99]

---

96. From American Embassy(Seoul) to Secretary of State, February 18, 1971, Pol Kor N-Kor S, Subject-Numeric Files, RG 59, National Archives.
97. 우승지, 2004, pp. 103-104.
98. Letter from Nixon to Park, November 29, 1971, Pol Kor S-US, Subject-Numeric Files, RG 59, National Archives.
99. 자세한 내용을 위해서는 "자료: 남북공동성명 및 배경설명," 『월간 세대』 1972년 8월호를 참조할 것. 이후 포터 대사는 미 하원 청문회에 출석하여 이에 대해 설명하면서 "남북한은 먼저 남과 북, 전국 민간의 여러 문제에 대해 폭 넓은 합의를 증진한 후에 평화적인 수단에 의한 양측의 독자적인 노력을 통해서 통일이 달성되어야

미국은 남한과 북한이 이와 같은 유화적 자세를 취하는 것에 대하여 남북한 관계 개선 이외에 각각 나름대로의 목적을 갖는 것으로 파악하였다. 즉 박정희는 주한미군 철수가 남북대화에 나선 자신의 협상력을 약화시킨다고 주장함으로써 이를 지연 또는 축소시키려는 의도를 갖고 있으며, 김일성은 한국에 대한 군사적 지원을 종결시키는 방향으로 미국의 여론을 조성하려는 의도를 가지고 있다고 생각하고 있었다. 따라서 미국은 남북협상의 어느 시점에서 주한미군을 철수시킬 것인지와 철군의 대가로 북한으로부터 어떤 것을 얻어낼 수 있는가에 대한 구체적인 평가가 필요하다고 보았다.[100] 미국은 결국 자신의 안전보장 조치가 남북한 간의 대화를 가능하게 하는 것으로 판단하고, 추가적 감군의 가능성은 계속 고려하면서 회계연도 1973년까지는 현재 수준을 유지하며, 한국군 현대화 계획을 지원하면서 남북관계에 있어서는 한국에게 무리한 요구를 하지 않는 것으로 입장을 정리한다.[101]

하비브(Habib) 주한 미 대사와 이후락 정보부장과의 대화는 당시 남북한의 입장과 이에 대한 미국정부의 인식의 단면을 잘 보여주고 있다. 남북한 간의 경제적, 군사적 교류를 모색할 의사를 묻는 하비브의 질문에 대해 이후락은 한국은 아직 그럴 준비가 되어 있지 않다고 답하고, 남북대화를 하는 북한의 의도는 북한의 혁명적 행동에 대한 남한의 취약성을 증대시키려 하는 데 있다고 말했다. 또한 이후락은 반공법 및 국가보안법의 개정을 추진할 용의가 있냐는 하비브

한다는 점에 합의하였다 … 미국정부는 이러한 전개양상을 쾌히 받아들였고 얼마간은 그것을 촉구하였다"라고 증언하였다. 한미관계연구회 역, 『프레이저 보고서: 유신정권과 미국의 역할』 실천문학사, 1986, p. 68.

100. From Popple to Green, July 7, 1972, Pol Kor S-US, Subject-Numeric Files, RG 59, National Archives; From American Embassy(Seoul) to Secretary of State, July 7, 1972, Pol Kor N-Kor S, Subject-Numeric Files, RG 59, National Archives.

101. Memorandum for Kissinger, July 12, 1972, Pol Kor N-Kor S, Subject-Numeric Files, RG 59, National Archives.

의 질문에 대해서도 현 시점에서 그러한 변화는 불가능하다고 답하였다. 하비브는 남한과 북한의 목적이 모두 시간을 버는 것에 있다고 언급하고, 남한은 국력을 증대시키기 위한 시간을 원하며 북한은 남한이 내부적 모순에 의해 약화될 것이라는 기대하에서 시간을 끌고 있다고 지적한다. 하지만 하비브는 남한 측이 북한에 의해 제기되는 의제에 대해 대화를 하는 것 이외에는 별 다른 대안이 없을 것이라는 자신의 의견을 밝히고 있다.[102]

미 국무부도 자체 연구에서 유사한 분석을 하고 있었다. 그에 따르면 북한에 대한 열등의식에서 안보를 극대화하기를 원하는 남한은 주한미군의 철수를 최대한 연기하려고 하고 있으며, 북한은 친 데탕트 이미지에 의해 자신이 얻을 수 있는 대내외적인 이익을 고려하면서 전술적인 제한 내에서 강경노선을 지속할 것으로 보인다는 것이다.[103] 두 개의 한국 정책(Two-Korea Policy)을 통해 전반적인 대한정책을 재고하고 있는 한 문건은 현재의 상황이 비록 남북한 간의 대화에 있어서 명백한 진전은 없지만 한반도에서 두 개의 한국 사이의 잠정적인 화해를 모색하게 만드는 기회를 제공하고 있다고 지적하였다. 이 문건은 주한미군 문제에 대해서 철군이 남북한 사이의 협상을 촉진하는 측면도 있지만, 대규모의 감군은 억제 차원의 고려에서 유보되어야 한다고 보고 있다. 아울러 북미 간의 관계 정상화 가능성을 언급하는 한편, 한반도 문제의 해결을 위해서는 다양한 수준에서의 협상이 요구되며, 남북한 간의 최종적인 안보조약의 체결과 주한미군의 철수로 이어지는 시나리오의 실현을 위해서는 한미 간의 쌍무적 협의가 우선되어야 한다고 제안하였다. 이러한 내용은 이제 냉전적

102. From American Embassy(Seoul) to Secretary of State, November 22, 1972, Pol Kor N-Kor S, Subject-Numeric Files, RG 59, National Archives.

103. Bureau of Intelligence and Research, Intelligence Note, April 20, 1973, Pol Kor N-Kor S, Subject-Numeric Files; Research Study, April 25, 1973, Pol Kor N-Kor S, Subject-Numeric Files, RG 59, National Archives.

사고에 의한 한반도 정책이 수정되고, 두 개의 한국을 형식화하고 공고화하는 것이 미국의 실질적인 정책이 되었음을 보여주고 있다.[104]

한국정부는 6.23 선언을 통해 이와 같은 미국의 입장에 대해 공식적인 조응을 표시하였다. 1973년 6월 23일 박정희는 '평화통일 외교정책 선언'을 통하여 호혜평등의 원칙하에서 모든 국가에게 문호를 개방할 것을 선언하고, 북한이 한국과 함께 UN에 가입하는 것을 반대하지 않는다는 뜻을 밝혔다.[105] 미 국무부는 이에 대해 "박 대통령의 제안에 전적으로 동감하며, 이러한 건설적인 이니셔티브가 한반도의 평화와 안전에 관심을 가지고 있는 모든 정부의 관심과 지지를 받을 것으로 확신한다"라고 말하고, 이는 "남북한 양 측이 한반도에서 영속적인 평화를 향하여 단계적으로 전진할 수 있는 기반을 제공할 것"이라고 환영하였다.[106]

6.23 선언은 미국 측과의 긴밀한 협의하에 이루어졌다.[107] 하지만 하비브 대사는 6.23 선언이 한반도 문제에 대한 구체적인 제안을 담고 있으며, 이러한 제안이 남북한 및 관련 동맹국들과의 논의를 위한 틀을 제공하고 있다고 평가하면서도, 이 선언에 대한 미국 나름의 준

---

104. "Korean Policy Reconsideration: A Two-Korea Policy," May 29, 1973, Pol 32-4 Kor/UN, Subject-Numeric Files, RG 59, National Archives.

105. 이전에 미국은 한국의 입장이 할슈타인 원칙에 있어서 종전의 수세적 입장에서 공세적 입장으로 바뀌고 있다고 파악하고 있었다. From American Embassy(Seoul) to Secretary of State, February 15, 1973, Pol 7 Kor S, Subject-Numeric Files, RG 59, National Archives.

106. 우승지, 2004, p. 116.

107. 이 과정에서 미국은 감독의 역할을, 그리고 한국정부는 배우의 역할을 하고 있었다. 미국은 이미 1971년부터 남북대화가 철저하게 '한국인들의 쇼'가 되어야 한다고 보고 있었다. From American Embassy(Seoul) to Department of State, August 17, 1971, Pol Kor N-Kor S, Subject-Numeric Files, RG 59, National Archives. 하지만 미국의 몇몇 문건에서는 6.23 선언의 발표 시기와 선언 내용을 다른 나라에게 알리는 문제에 있어서 박정희가 나름대로 자율적인 행동을 취하려 한 점이 나타나고 있다.

비가 필요하다는 것을 아울러 지적하고 있다.[108] 한국문제에 대한 부처 간 협의를 위해 준비된 자료에서 국무부는 한국의 정책전환의 목적이 두 개의 한국 문제에 대한 잠정적인 해결조치인 동시에 대북 협상력을 높이려는 시도인 것으로 파악하였다. 이 문건은 남북한의 UN 가입에 관련된 미국의 목적이 한반도에서 분쟁을 예방하고 북한을 국제사회에서 좀 더 책임 있는 국가로 만드는 데 있지만, 그러한 조치가 중국, 소련과의 논쟁을 유발하는 것은 미국에게 도움이 되지 않는다고 지적하면서 이에 따른 득실을 평가하고 있다. 결론적으로 이 문건은 한국의 제안에 대해 전면적인 지원을 하는 것에 대해서는 유보적 자세를 취할 것을 권고하였다.[109]

6.23 선언이 나온 지 두 달 후 북한은 남북대화의 중단에 대한 성명을 발표한다. 사실상 그 이전 북한은 남한과 비교해 볼 때 데탕트의 흐름을 적극적으로 활용하려는 정책을 채택하고 있었다. 중국을 통해 미중 접촉에 대해 상대적으로 소상한 정보를 듣고 있던 김일성은 이른바 '백기론'을 피력하면서 미중관계 개선에 대해 우호적 입장을 표명하였다. 이러한 사태의 진전은 미중관계의 변화와 주한미군 철수와의 연동 가능성과 연관된 것일 수 있다. 키신저는 1971년 주은래와의 회담에서 다음과 같이 언급한 바 있었다.

> 우리의 관계(미중관계)가 예상대로 진전되고 인도차이나 전쟁이 끝나 한국군이 다시 한국으로 돌아오게 되면, 닉슨 대통령의 다음 임기가 끝나기 전에 전부는 아니더라도 대부분의 미군이 한국으로부터 철수하는 것을 충분히 상정해 볼 수 있다.[110]

---

108. From American Embassy(Seoul) to Secretary of State, June 29, 1973, Pol 1 Kor S, Subject-Numeric Files, RG 59, National Archives.
109. Memorandum for Kissinger, July 27, 1973, Pol 32-4 Kor/UN, Subject-Numeric Files, RG 59, National Archives.
110. Memorandum of Conversation for Kissinger, July 29, 1971, China HAK Memocons,

1972년 1월 김일성은 북남평화협정 체결을 주장하였고, 이후 일본 요미우리 신문과의 인터뷰에서 미군철수가 선행조건을 아니라고 말함으로써 이에 대한 탄력적인 입장을 표시하기도 하였다.[111] 1972년 7월부터 북한은 많은 서방국가와 외교관계를 체결하였고, 1973년 5월 UN 산하 국제보건기구(WHO)에 가입하는 데 성공하였다. 하지만 미국이 한국에 대한 지속적인 군사적 지원을 약속하고 박정희가 6.23 선언을 통해 두 개의 한국 정책을 공식화하자 이러한 북한의 유화노선은 그 실리와 명분이 모두 약화되었다. 북한은 두 개 조선의 UN 가입안은 미군 철수를 피하려는 한국의 술책이라고 비난하고 1973년 8월 김대중 납치 사건을 이유로 남북대화의 중단을 선언하였다.

이후 북한은 중국에서 미국과의 접촉을 시도하였고, 남한을 배제하고 미국과의 직접 협상을 통해 자신의 목표를 실현하려는 북한의 이른바 '통미봉남'의 전략은 1974년 3월 북미평화협정 체결 제안으로 표현되었다.[112] 하지만 북미관계의 수행에 있어 다른 강대국과 한국의 입장에 대한 고려를 병행해야 했던 미국은 이에 대해 소극적인 자세를 보였다. 이후 UN에서의 표결을 통한 UNC 해체 문제의 해결이 무산되고 1976년 8월 판문점 사건이 발발하게 됨으로써 북미관계는 경색되었고, 한반도의 데탕트적인 전환 움직임은 그 종언을 고하

Box 1033, Nixon, National Security Files, p. 38. 홍석률, 「1970년대 전반 북미관계: 남북대화, 미중관계 개선과의 관련하에서」, 『국제정치논총』 44, 2, 2004, p. 33에서 재인용.

111. 하지만 북한은 7.4 남북공동성명 이후 자주의 견지에서 다시 미군철수를 주장하기 시작한다. 홍석률, 2004, pp. 37-38.

112. 북한은 미 의회에 보내는 서한을 통해 "남조선에 자기의 군대를 주둔시키고 모든 군사통수권을 틀어쥐고 있는 미국과 직접평화체결을 통해 문제를 해결할 것"을 주장하였다. 이후 북한은 미국과의 협정체결을 위한 단독협상을 추진하기 위해 직접 미국과 호소하기도 하고, 다른 한편 평양을 방문하는 제3국 인사들을 통해 자신의 의사를 미국에게 전달하는 방법을 취하기도 하였다. 신정현, 『미국과 남북한관계』 세종연구소, 1988, p. 22.

게 되었다.

그렇다면 1960년대 후반 미국에 의해 시작되고 1970년대 중반 북한에 의해 끝난 한반도에서의 해빙의 시도와 대립으로의 회귀과정에서 한미관계와 한국의 대미정책은 어떠한 역할을 하였는가? 1970년대 초반 주한미군 철수 논의로 인해 갈등을 빚게 된 두 나라는 대북관계에 있어서도 합의에 의한 일관된 공조의 자세를 견지했던 것은 아니었다. 이 연구는 대북억제라는 공통의 전략적 목표를 갖고 있었던 한미 양국 사이의 갈등의 존재를 양국의 위협인식의 문제를 중심으로 고찰하고자 한다. 한미 간의 위협인식의 차이와 그 결과는 동맹게임 내에서의 방기와 연루에 대한 서로 다른 우려, 북한의 능력과 의도에 대한 서로 다른 평가, 한국의 국내정치적 문제, 그리고 공격적 현실주의와 방어적 현실주의의 입장 차이 등의 문제와 연관되어 있었다.

데탕트 시기 한국과 미국 사이의 위협인식의 차이를 가져온 첫 번째 요인은 이른바 전략적 고려에 있어서 분석수준의 문제에 기인한다. 즉 미국은 보다 상위의 수준에서 전략을 구상하는 반면, 한국은 하위 수준에 집중하기 때문에 생겨나는 것으로, 한미관계와 같은 비대칭적 동맹관계에서는 빈번하게 등장할 수 있는 것이었다. 프레이저 보고서의 안보, 정치문제에 관한 소결론의 첫 부분은 이 문제의 중요성을 적절하게 지적하고 있다.

> 안보문제는 1965년과 1978년 사이의 한미관계에서 중심적인 것이었다. 그러나 1960년대 말기에 미국은 베트남 전쟁에 몰두해 있었던 반면, 한국의 주요 관심사는 북한에 대한 것이었다. 미국은 한반도에서의 사태 진전을 전 지구적 맥락에서 인식하려 하였고, 한국은 북한과의 대치라는 견지에서 보려고 하였다. 이러한 서로 다른 시각은 (1960년대와 1970년대에 일어난 문제들에 대하여) 자주 견해차를 초래하였고, 때로는 충돌

> 적인 반응을 결과하기도 하였다. 박 정권에게 북한의 움직임에 대한 미국의 반응은 부적절한 것이었다. 미국 관리들에게 한국은 때때로 정치적 목적으로 북의 위협을 과장하고 있었다. 그들은 또한 양 국가로 하여금 실제로 나타나지 않은 반응을 예기하는 데로 이끌어 갔고, 서로 다른 국내 사건의 의미를 오식하게끔 만들었다.[113]

위에서 서술된 것처럼 1960년대 말부터 1970년대 초까지의 미국의 대 한반도 정책은 철저하게 베트남 전쟁과 대 중국 전략의 영향하에 놓여 있었다. 1960년대 말의 한반도 안보 상황에 있어 미국의 태도는 제2의 베트남 전 발발과 그에 대한 미국의 연루에 대한 우려였으며, 이를 방지하기 위한 정책적 탄력성을 확보하는 것이 목표였다. 다음의 국무부 한국연구그룹(Korea Study Group)의 문서는 이러한 미 정부의 입장을 잘 요약해 주고 있다.

> 우리는 한국이나 다른 지역에서 우리의 책임을 느슨하게 하는 한편, 한국이 우리의 참여가 곧 확대될 수 있는 군사적 상황에 미국을 연계시킬 수 있는 정도에 대하여 주목하여야 한다. 우리가 자신의 미래를 다른 사람의 손에 방치하는 것을 피할 수 있도록 어떠한 제동장치가 적용될 수 있는가? … 이 논의는 다음과 같은 질문의 제시로 정리될 수 있을 것이다. 어떻게 미국은 북한을 자극시킬 수 있는 상황 전개를 피하면서 덜 직접적인 관여로 더 많은 행동의 자유를 얻을 수 있는가? 문제는 좀 더 많은 탄력성을 획득하는 일인 것이다.[114]

1970년대 초는 미국의 새로운 동아시아 전략, 즉 미중관계 개선의 노력이 한반도에서의 미국의 정책 수행을 좌우했던 시기였다. 미중

113. 한미관계연구회 역, 1986, pp. 117-118.

114. Memorandum for the Record, March 7, 1968, Pol Kor S-US, Subject-Numeric Files, RG 59, National Archives.

접근의 과정에서 한국문제를 먼저 제기했던 것은 미국이 아니라 중국이었으며, UNCURK와 UNC의 해체와 주한미군 철수가 그 주 의제가 되었다.[115] 미국은 UNCURK의 활동이 조용하게 무기한 연기되어야 하며 이는 UNC 해체와 분리되어 처리하여야 한다는 입장을 제시한 반면, 중국은 UNCURK가 명백히 해체되어야 하며 이와 아울러 UNC 해체와 미군철수 문제도 함께 논의하여야 한다고 주장하였다.[116] 결국 1973년 6월 키신저는 UNCURK의 활동을 종결하고 1974년에 UNC를 해체할 의사가 있음을 중국 측에 전달하였고 중국도 이에 긍정적인 의사를 표시하였다.[117]

한반도에서의 북한의 견제가 핵심적인 안보적 목표였던 박정희에게 베트남화(Vietnamization)로 표현된 미국의 제3세계 정책의 변화는 방기의 위험성을 의미하는 것이었다. 1968년 1월 구정 대공세(Tet Offensive) 이후 취약해진 미국의 베트남 정책을 주시하고 있던 박정

---

115. 한국의 상황에 대해 자문을 구한 키신저에게 핸더슨(Henderson)은 미중 간의 회담에서 제3국의 문제를 회피하고 싶다는 키신저의 입장에 대해 공감을 표시하면서도, 일본에 대한 주은래의 관심을 피할 수는 없을 것이며 미중 간의 대화에서 한국문제에 대한 토론이 필연적으로 발생하지 않을 수 없을 것이라고 말하였다. 핸더슨은 한반도에서의 긴장완화의 모색이야말로 주변 4강이 공통의 이해관계를 가질 수 있는 현안이 될 것이라고 지적하면서 6자회담의 아이디어를 제시하였다. From Henderson to Kissinger, November 29, 1971, Nixon Presidential Materials, National Archives.

116. 닉슨의 중국 방문 이후 김용식 외무부 장관은 국회 외무위원회에서의 답변을 통해 미중 간의 회담에서 한반도 문제에 대한 견해 차이는 여전히 좁혀지지 않았으며, 양국 간에 이에 대한 비밀흥정은 없었다고 밝혔다. 제80회 국회 외무위원회 회의록, 1972년 3월 13일.

117. 북한에 비해 중국은 주한미군 철수 문제에 대하여 보다 타협적이었다. 북한이 즉각적인 철수를 주장한 반면, 일본의 재무장 가능성과 일본군의 한반도 주둔을 우려한 중국은 점진적이고 단계적인 철수를 선호하였다. 하지만 양국은 모두 UNC의 해체가 주한미군의 철수와 휴전협정의 평화협정으로의 대체로 이어질 것을 기대하고 있었던 것으로 보인다. 홍석률, 「1970년대 전반 동북아 데탕트와 한국 통일문제: 미중 간의 한국문제에 대한 비밀협상을 중심으로」, 『역사와 현실』 42, 2001, p. 220; p. 226.

희는 공산진영의 적극적 공세 앞에서 미국이 허약하다는 인식을 갖게 되었다고 전해진다.[118] 더욱이 미국의 요청에 의해 베트남에 전투사단을 파병하고 있던 한국에게 이러한 변화와 이어지는 주한미군 통고는 동맹국인 미국의 안보 공약 지속에 대해 의구심을 갖게 만드는 것이었다. 박정희는 닉슨에게 보내는 서한에서 "국제정세의 변화에도 불구하고 북한은 무력에 의한 적화통일을 지속적으로 추진하고 있다"라고 말하고, 닉슨의 중국 방문을 염두에 두면서 중국에 대한 우려를 함께 표시하였다. 즉 중국은 북한에 대한 종래의 태도를 바꾸지 않고 있으며, 오히려 대북 군사지원을 강화하고 있다는 것이다. 박정희는 중국의 목표가 주한미군과 기타 아시아 지역에 주둔하고 있는 미군을 철수시키는 것이며, 따라서 이러한 주장이 미국에 의해서 받아들여져서는 안 될 것이라고 주장하면서 미국의 대중 접근을 비판하였다.[119]

미국은 1960년대 말에는 베트남 전쟁을, 1970년대 초에는 미중관계를 중심으로 자신의 세계 · 지역 전략을 전환시키고 있었던 반면, 박정희는 지속적으로 한반도 수준에서 안보정책을 추구하고 있었다. 이러한 분석수준의 차이는 한반도에서 양측의 기본적인 전략적 이해의 공유에도 불구하고 미국에게는 연루의 우려, 그리고 한국에게는 방기의 우려라는 서로 다른 안보적 위협의 요인을 제공하게 되었던 것이다.

한미 간의 정책적 갈등은 안보전략의 대상으로서 북한의 능력과 의도에 대한 평가의 차이에 의해 더욱 증대되었다. 데탕트 시기 북한으로부터의 위협과 이에 대한 한국의 방어능력에 대한 양측의 견해는 큰 차이를 나타내고 있었다. 주한미군의 일부 철수 의사가 한국에

---

118. 유양수 전 베트남 대사와의 인터뷰.

119. From Green to Secretary of State, September 20, 1971, Pol Kor S-US, Subject-Numeric Files, RG 59, National Archives.

공식적으로 전달된 이후의 여러 논의는 이러한 입장차를 잘 보여준다. 그린(Green) 국무부 차관보는 한국 인사들과의 면담에서 자신의 주관적 견해라는 것을 전제로 한 후 주한미군의 감축문제는 몇 년에 걸쳐 계속 제기되어 온 문제이며, 감축은 결국 이루어질 것이며 그렇게 되어야 한다는 인식이 있어 왔다고 말했다. 그에 따르면 미국정부의 이러한 결정은 모든 요소를 고려해서 신중하게 이루어진 것이며, 아시아에서의 닉슨 독트린의 내용에 부합된다는 것이었다. 한반도에서의 전쟁 가능성에 대한 질문에 대해서 그린은 양극체제의 변화에 대해 언급하면서 한국의 방위력이 이전보다 많이 향상되었고, 북한은 1950년대보다는 방어에 치중하고 있으며 전방공격(frontal attack)의 가능성은 낮아 보인다는 점을 지적하였다.

이에 반하여 한국의 백두진 전 총리는 한국 내의 광범위한 불안감의 존재를 언급하고 미군 감축은 북한의 오인을 불러일으킬 수 있으며, 한국 국민들은 미국이 안정의 획득을 위해 한국을 강대국 사이에서 팔아넘기는 것이 아니냐는 생각을 갖고 있다고 말했다. 이동원 전 장관도 북한과 중국의 관계가 어느 때보다도 긴밀하며 북한의 군사적 준비상태가 절정에 달해 있으며, 김일성은 아직도 신뢰할 수 없는 인물이라고 주장하였다. 그린은 이에 대해서 북한이 현 사태를 잘못 판단할 가능성은 거의 없다고 말하고, 미국은 한국에 대한 안보조약상의 의무를 확고하게 지킬 것이라고 강조하였다.[120]

북한에 대한 위협인식의 차이는 전술한 박정희 대통령과 포터 대사와의 면담에서도 그대로 확인되었다. 박정희는 주한미군 감축이 이루어지려면 한반도 상에서 전쟁이 재발하지 않을 것이라는 확실한 보장이 있어야 하며, 미국이 한국군 현대화 정책을 확실하게 이행해야 한다는 사실을 강조했다. 이러한 조건이 충족되지 않을 경우 그는

120. Memorandum of Conversation, July 22, 1970, Pol 7 Kor S, Subject-Numeric Files, RG 59, National Archives.

주한미군 감축에 동의하지도 않을 것이며 이에 결코 협조하지 않을 것이라고 말했다. 하지만 포터 대사는 자신이 박정희의 집무실을 떠나면서 다시 한 번 그를 쳐다보았을 때 면담 도중 전혀 웃지 않았던 박정희가 주한미군 감축에 대한 계획서를 보면서 웃고 있는 것을 발견하고 이를 흥미로운 일이라고 말하고 있다.[121] 이는 박정희가 사실상 미군 감축에 대해 충격과 분노를 계속 느끼기보다는 현실을 받아들이고 나름대로의 전략적 모색을 하고 있지 않았는가라는 추론을 가능케 해준다고 하겠다.

미 중앙정보부(CIA)는 1968년에 이미 북한으로부터의 위협 분석에 있어서 전면적 남침에 대한 우려보다는 비무장지대에서의 충돌이나 게릴라나 테러에 의한 후방의 교란 가능성에 그 비중을 두고 있었다. 1968년 5월 CIA 보고서는 최소한 향후 수년에 걸쳐 북한이 새로운 한국전쟁을 일으킬 의도는 없는 것으로 결론짓고 중요한 가능성은 북한의 소규모 도발이 남한의 보복으로 이어져 대규모 갈등으로 확산될 수 있는 위험성이라고 분석하였다.[122] 따라서 현상유지를 원하는 미국은 한국군의 전력 향상에 대한 전제 아래서,[123] 한국의 북한에 대한 적극적인 대응자세를 북한의 호전성과 마찬가지로 안보적 위협요인의 하나로 인식하게 되었던 것이다.[124]

---

121. From American Embassy(Seoul) to Department of State, August 4, 1970.
122. Special National Intelligence Estimate, 14.2–68, May 16, 1968, PPS Files, National Archives.
123. 1968년 4월의 존슨과 박정희의 대담 내용은 한국군의 방어능력에 대한 양국의 인식 차이를 잘 보여준다. 존슨은 공군력의 지원만으로 한국이 충분히 자신을 방어할 수 있을 것이라고 생각한 반면, 박정희는 북한이 한국을 '제2의 베트남'으로 만들려 하고 있으며 한국군의 화력이 북한에 비해 매우 열등하고 한국 공군이 강화되어야 한다고 주장하였다. Summary of Points in Discussion between President Johnson and President Park, April 17, 1968, Pol Kor S-US, Subject-Numeric Files, RG 59, National Archives.
124. 이와 같은 인식은 북한의 도발 가능성은 적고 오히려 한국에 의한 분쟁 발발 가능성이 있다고 본 미 상원 사이밍턴 소위원회의 의견과도 일치하였다. US Senate,

이와는 반대로 부처 간 정책조사팀 Interagency PPBS Group의 한국에 대한 자료는 남북한 군사력 평가에 있어서 북한의 분명한 우위와 북한이 경고 없이 공군에 의한 대규모 공격을 할 수 있는 가능성을 제시하였다.[125] 하지만 전반적으로 볼 때 미국정부는 한국 측에 의한 북한 위협의 강조를 주로 과장되었거나, 협상용으로 사용되는 것으로 파악하고 있었다. 한 예로 미 대사관은 한 문서에서 실질적으로 북한의 도발 횟수가 이전에 비해 감소하였음에도 불구하고 박정희가 이를 무시하면서 오히려 북한의 도발 위협이 증대되었으며 앞으로 더욱 심각해질 것이라고 말하고 있다고 지적하였다.[126]

흥미로운 것은 박정희 자신도 외무부에 아시아/태평양 조약기구 창설 구상에 대한 지침을 하달하면서 다음과 같이 말하고 있었다는 점이다.

> 이것(지역적 방위기구)을 단시일 내로 실현시키려 할 필요도 없다. 이제 당장 북괴가 쳐내려오는 것도 아니고 또 단기적으로 볼 때 북괴는 그런 능력이 없다. 따라서 시일을 두고 실효성 있는 기구 실현을 위해서 노력하여야 한다.[127]

Hearing before the Subcommittee on US Security Agreements and Commitments Abroad, The Committee on Foreign Relations, 91st Congress, 2nd Session, 1970. *Washington Post* 지는 이러한 맥락에서 한국인들의 통일에 대한 열망이 안정을 추구하는 미국의 아시아 전략에 위협이 될 수도 있다고 논평하고 있다. *Washington Post*, 1968. 3. 4.

125. 아울러 이 보고서는 보다 정확한 분석을 위한 정보 프로그램의 가동 필요성을 언급하면서 CIA가 이에 대해 좀 더 적극적으로 협조해 줄 것을 요청하고 있다. Memorandum for Understanding, November 27, 1968, Pol 1 Kor S-US, Subject-Numeric Files, RG 59, National Archives.
126. From American Embassy(Seoul) to Department of State, September 25, 1970, Pol 1 Kor S, Subject-Numeric Files, RG 59, National Archives.
127. "아시아/태평양 조약기구 창설구상," 외무부 문서, 릴 번호 G-0012, 1968-1969.

하지만 주한미군 철수와 미중관계의 변화에 직면한 박정희는 데탕트라는 체제적 변화의 의미를 중시하는 닉슨 행정부에 대하여 북한이 중국과 소련의 후원 및 미중관계 개선의 분위기를 이용하여 자신의 선전적 책동을 강화하고 있으며, 지속적으로 심각한 군사적 위협을 야기하고 있다고 주장하게 된다.[128] 또 다른 한편으로 한국정부는 대북억제를 넘어서는 주한미군의 지역적인 '지정학적 의미'를 강조하면서 주한미군 감축에 대한 반대논리를 전개하는 모습을 보여주었다.[129] 결국 1960년대 말의 북한의 군사적 능력에 대한 한미 양 측의 평가는 커다란 차이가 없었다고 말할 수도 있겠지만 1.21 사태를 겪은 박정희는 북한의 공격적인 의도에 대하여 보다 큰 비중을 두고 있었다고 할 것이다. 북한에 대한 두 나라의 위협인식의 차이는 오히려 데탕트의 해빙기를 거치면서 확대되었고, 주한미군 철수의 문제는 이러한 국면에서 중요한 갈등의 원인으로 작용하게 되었던 것이다.

한미 간의 또 다른 위협인식의 차이는 미국이 박정희가 국내정치적 목적, 즉 정권안보를 위해 북한으로부터의 안보위협을 강조했다는 사실에 그 원인을 두고 있다. 한국의 정치 지도자에 의한 정권안보의 추구가 한반도의 불안정 요인으로 작용할 수 있다는 미국의 사고는 이미 이승만 정부 시기부터 시작되었다. 이승만 대통령 말기의 일련의 권위주의적 조치는 한국의 대내안보의 문제를 가져와 그의 북진통일론과 함께 미국에게 있어 또 다른 안보적 위협이 될 수 있는 것이었다. 프레이저 보고서는 1970년 주한미군 감축에 대한 박정희의 반대가 '부분적으로는 진정한 안보적 염려'에서 우러나온 것이라고

---

128. Memorandum for Kissinger, April 7, 1972, Pol 15-1 Kor S, Subject-Numeric Files, RG 59, National Archives.

129. 당시 박정희의 특별보좌관이었던 함병춘은 헤이그(Haig)와의 대화에서 한반도를 '세 강대국(일본, 중국, 소련)의 목에 걸린 뼈'로 비유하면서 그 지정학적 중요성을 강조하였다. Memorandum for General Haig, September 8, 1971, Nixon Presidential Materials, National Archives.

평가하고 있다. 하지만 한편으로는 박정희가 주한미군 철수가 경제에 미칠 영향과 아울러 1971년의 대통령 선거에 미칠 영향을 고려하고 있었다고 지적하였다.[130]

주한미군 감축과 한국군 현대화 문제에 관해 한국과 갈등을 빚게 된 미국정부는 한국정부가 국내용으로 북한의 위협을 과장할 경우 자신이 이와 다른 입장을 갖고 있다는 점을 대외적으로 명백하게 밝힐 수밖에 없다고 말하게 된다. 하비브 대사는 김정렴 비서실장과의 대담에서 한국의 야당과 대학생이 현 정부의 정책에 반대하지 않도록 하는 것은 한국정부가 알아서 할 일이지만, 안보적 문제를 그러한 목적에 연계시키는 것은 곤란하다는 입장을 표명한다. 김정렴 실장은 이에 대해 북한에 대한 한국의 시각에 국내정치적 요인이 관련되어 있는 것은 사실이나, 이는 북한의 위협에 대한 한국과 미국의 서로 다른 평가의 부분적인 이유일 뿐이라고 반박하였다.[131] 유신 이후에도 미 대사관은 이 조치에 대해 비판적인 평가를 하면서, 여러 측면에서 볼 때 한국의 안보 상황은 그 어느 시기보다 낙관적이라고 지적하고 있었다.[132]

유신이 어느 정도 국가안보와 정권안보의 차원에서 각각 이해될 수 있는가를 평가하는 것은 쉽지 않을 것이다. 당시 박정희의 정책을 모두 정권적 차원으로만 설명할 수는 없는 반면, 안보상의 이유로 헌정의 중단이 불가피했다고 보기에도 어려운 점이 있다.[133] 베트남전의 상황 변화와 주한미군의 감축, 그리고 북한의 대대적인 평화공세

130. 한미관계연구회 역, 1986, pp. 61-62.

131. From American Embassy(Seoul) to Department of State, November 22, 1971, Pol Kor N-Kor S, Subject-Numeric Files, RG 59, National Archives.

132. From American Embassy(Seoul) to Department of State, October 16, 1972, Pol 23-9, Kor S, Subject-Numeric Files, RG 59, National Archives.

133. 이정하는 박정희의 일련의 정치적 조치를 경제성장을 통한 평화적 통일이라는 긴 기간을 요구하는 기능주의적 논리에 군사적 현대화의 역할과 정부의 주도라는 정치적 요인을 결합시킨 형태인 것으로 설명하고 있다. Lee, 1980, pp. 207-210.

가 박정희에게 있어 안보적 위협과 더불어 정치적 차원의 위협을 제공했다고 볼 수도 있지만, 사실상 1971년 이후 한국정부의 핵심인사들도 북한으로부터의 즉각적인 군사적 위협은 크지 않다고 인식하고 있었다는 점에서 유신의 정당화가 갖는 한계가 존재한다는 것이다.[134] 하지만 1970년 이래의 한미 간의 위협인식의 차이와 그로 인한 양국 갈등에 있어서 한국의 국내정치가 갖는 영향은 점차 증대되었던 것이 사실이라고 할 것이다.

위협인식의 문제와 연계되어 한미 간의 정책적 갈등을 야기한 마지막 요인은 북한에 대한 공격적 현실주의와 방어적 현실주의의 전략적 입장의 부분적 차이에 놓여 있었다.[135] 전술된 것처럼 1960년대 후반 일련의 북한의 공세적 태도에 대해 한국과 미국은 서로 다른 해석과 대응을 하게 된다. 1967년부터 크게 증가한 북한의 한국에 대한 침투행위는 1968년 1.21 사태로 이어졌다. 이에 대해 북한에게 강력한 경고의 메시지를 전달하기를 바랐던 한국에 비해 미국은 조심스러운 입장을 취했으며, 2월 11일 방한한 미국의 밴스(Vance) 특사는 한국이 어떠한 군사적 보복조치도 취해서는 안 된다는 점을 박정희에게 강조하였다.[136]

---

134. 마상윤, 「안보와 민주주의, 그리고 박정희의 길: 유신체제 수립원인 재고」, 『국제정치논총』 43, 4, 2003, pp. 190-191.

135. 미어샤이머(Mearsheimer)에 의하면 공격적 현실주의는 각 국가가 '권력'을 추구하며 다른 국가의 희생 위에서 그를 극대화하려는 현상변경적인 목표를 갖는다고 가정하는 반면, 방어적 현실주의는 각 국가가 '안보'를 추구하며 주어진 체제에서 자신의 위치를 보존하려는 현상유지적인 목표를 갖는다고 가정하는 차이점을 갖는다. J. Mearsheimer, *The Tragedy of Great Power Politics*, W. W. Norton, 2001, p. 5; pp. 19-20.

136. 물론 당시 북한에 대한 적절한 대응 방법을 찾는다는 것은 매우 어려운 일이었음이 분명하다. 휴전선에서의 군사적 보복조치는 대규모의 분쟁으로 발전될 위험성을 갖고 있었으며, 이후 북한과 유사한 특수부대가 육성되었으나 북파 되지는 못하였다. 신욱희 · 김영호, 「전환기의 동맹: 데탕트 시기의 한미안보관계」, 한국정치사 학술회의 발표논문, 2000. 4. 7.

당시 이미 주한미군의 감축을 고려하고 있었던 미국의 이와 같은 방어적 입장은 북한의 위협에 대한 재평가와 한반도에서의 새로운 갈등에 관한 연루의 우려에 기반한 것이었다. 1968년의 보고서에서 국무부는 북한으로부터의 위협을 ① 전복활동, 사보타지, 간첩행위, ② 제한된 목적의 통상적인 공격, ③ 전면전의 세 수준으로 구분하면서 두 번째와 세 번째 유형을 잘 구분해야 하며, 두 번째 위협에 대한 과도한 대응의 위험성에 대해 언급한다. 또한 한국군에 대한 부분에서는 남한의 전력이 북한보다 더 강해질 때 북진의 위협도 있을 수 있으므로 미국은 그러한 모험에 대한 반대를 명확하게 하는 것이 필요하며, 무기체계에 대한 지원에 있어서 공격보다는 방어의 차원을 강조해야 한다고 지적하고 있다.[137]

1.21 사태에 대한 미국의 무반응과 푸에블로호 피랍 사건에 대한 상대적인 신속 대응으로 인해 생겨난 박정희의 불만은 이후 미북 비밀협상이 진행되면서 더욱 증폭되었다. 박정희는 포터 대사와의 면담에서 자국 선원의 송환을 위해 영해 침범 주장을 인정하고 북한에 사과하는 문서에 서명하려는 미국의 유화적 정책을 강력하게 비판한다. 박정희는 공산세력은 오직 무력만을 존중할 뿐이라는 자신의 견해를 피력하면서, 북한에 대한 보복으로서 미국이 북한함정을 나포할 것을 권고하였다.[138] 이러한 한국의 적극적인 태도에 대해 데탕트 시기의 미국은 지속적인 우려를 갖고 있었고, 이는 이후 박정희의 전략무기 개발을 통해 더욱 심화되었을 것이라고 예상해 볼 수 있다.

데탕트 시기 전반을 통해 미국과 한국은 한반도에서의 전략적 균형에 대해 서로 다른 견해를 갖고 있었다. 위에서 언급된 바와 같이 주한미군의 철수와 재배치는 미국이 원하지 않는 갈등에 불가피하게 끌려들어 가는 것을 막기 위한 방책이었다. 하지만 동시에 미국에게

---

137. Department of State, US Policy toward Korea, 1968.

138. From Porter to Secretary of State, August 27, 1968, Lyndon B. Johnson Library.

있어 이는 세계적이고 지역적인 세력균형을 미국에게 유리하게 변화시키기 위한 미중관계 개선을 위한 조치의 일환이기도 하였다. 1968년의 보고서에서 미국은 북한의 단독남침의 가능성은 별로 없으며, 중국 역시 미국이 안보 공약과 전술핵, 군사적 개입능력을 유지하는 한 새로운 전쟁에 참여하지 않을 것이라고 예측한 바 있었다.[139] 닉슨 행정부는 주한미군을 감축하면서 동시에 대북 억제를 유지하기 위한 전략으로 1개 사단을 철수시켜 해외 주둔군의 유지에 불만을 갖고 있는 미 의회와 국내여론을 설득시키고, 1개 사단을 후방으로 배치하여 미국의 자동개입 가능성을 차단하면서 1개 사단 잔류와 한국군 현대화의 지원을 통해 대한 공약을 유지하는 정책을 채택하였다. 아울러 미국은 중국과의 관계 개선을 통해 동북아에서 안보위협을 감소시키고 중국으로 하여금 북한의 호전적인 정책을 견제하도록 할 수 있다고 생각하였다.

그러나 이미 논의된 것처럼 한반도의 국지적 수준의 안보에 중점을 두고 있던 한국정부는 북한의 대남위협은 오히려 증대되고 있으며, 북중관계는 강화되고 있다고 인식하였다.[140] 미 정책의 신뢰도 저하와 미국의 국내정치적 영향의 강화에 불안감을 느낀 박정희는 더 이상 한미동맹에 기초한 억제전략에만 의존할 수는 없다고 판단하고 자주국방의 노선을 함께 모색하였다. 하지만 자주적 노력에 의한 대북 억제의 추구는 기본적으로 방어적 현실주의의 입장을 견지하고 있던 미국에게 한국이 공격적 현실주의의 입장을 채택하는 것으로 인식하게끔 하였던 것으로 생각된다.[141]

---

139. Department of State, US Policy toward Korea, 1968.

140. 당시 야당이었던 정일형 의원도 국회 외무위원회에서 미국이 한국을 미중관계 개선에 의한 세력균형의 제물로 삼으려 한다는 해석에 대한 외무부의 입장은 무엇인지를 물으며, 최근 북한이 대미접근을 통해 한국을 고립시키는 상황이 아니냐는 우려를 표명하였다. 제80회 국회 외무위원회 회의록, 1972. 3. 13.

141. 사실상 독자적인 군사력 증강이 위협의 균형과 억제를 위한 방어적 현실주의의 입

한편 미국은 1972년 1월 김일성의 북남평화조약 체결 제안이 주한미군 철수를 전제한 이전의 입장에서의 변화를 보인다는 점에 주목하면서도, 이러한 북한의 평화공세가 한국을 불안정한 위치로 몰아가면서 한국의 내부적 분열과 한미일 동맹관계의 균열을 도모하려는 목적을 지니고 있다고 평가하면서 조심스러운 입장을 표시하였다.[142] 그러나 미국은 궁극적으로 남북한 간의 정치적 화해를 조성하는 한반도 데탕트 추진의 방향으로 자신의 정책적 입장을 정리하고, 미국이 북한과의 양자관계에서도 필요한 조치를 취하는 것이 바람직할 수도 있다는 제안도 등장하게 된다.[143]

미 정부의 권고에 따라 대북협상을 고려하게 된 박정희는 7.4 남북공동성명과 6.23 선언을 거치면서 남북대화의 추진이 대미협상력을 부분적으로 제고시킬 수 있다는 점을 인식하였다. 박정희는 미국의 두 개의 한국 정책에 대해 부분적으로 동의를 표시하면서,[144] 나름대로의 정책적 자율성의 가능성도 탐색하였다. 하지만 북한과 마찬가지로 한국도 당시 남북대화를 통한 관계개선이나 평화공존에 실질

장인지, 아니면 군사력의 극대화와 국지적 패권 추구를 위한 공격적 현실주의의 입장인지를 판단하는 것은 용이하지 않을 수 있다. 이와 같은 자주정책의 양면적 성격에 대해서는 조동준, 「'자주'의 자가당착: 한반도 국제관계에 나타난 안보모순과 동맹모순」, 『국제정치논총』 44, 3, 2004를 볼 것. 전략무기 개발의 문제도 최근의 북핵문제에서 보는 것처럼 일종의 공세적 방어나 억제, 혹은 협상용으로 해석될 여지도 있는 것이다.

142. From Secretary of State to American Embassy(Seoul), January 20, 1972, Pol Kor N-Kor S, Subject-Numeric Files, RG 59, National Archives.

143. From Green to Secretary of State, March 29, 1972, Pol 32-4 Kor/UN, Subject-Numeric Files, RG 59, National Archives.

144. 포터 대사와의 대화에서 함병춘 보좌관은 한국이 북한을 별도의 나라로 인정하는가에 대한 질문에 대해 박정희 대통령은 8.15 경축사를 통해 이미 북한의 별도의 단위로 인정했다고 말하고 서로 다른 단위로의 인정없이 어떻게 '평화적 경쟁'을 이야기할 수 있겠느냐고 반문하고 있다. From American Embassy(Seoul) to Department of State, January 12, 1971, Pol Subject-Numeric Files, RG 59, National Archives.

적인 비중을 두었던 것은 아니었던 것으로 보이며,[145] 결국 두 개의 한국정책에 대한 각자의 모순된 입장만을 재확인하게 된다.[146] 이러한 점에서 볼 때 박정희와 김일성은 장기적 관점에서 한반도에서 힘에 의한 주도권 추구와 자신의 방식에 의한 현상변경이라는 공격적 현실주의자의 태도를 갖고 있었다는 주장이 제기될 수 있는 것이다.

1970년의 보고서에서 미 대사관은 한반도의 통일 가능성과 방식을 검토하면서 가능성은 매우 낮으며 어떤 방식에 의한 통일도 사실상 미국의 이익에 부합되지 않는다고 결론을 내리고, 긴장완화에 의한 현상유지가 최선의 정책이라고 권고하였다.[147] 이후 닉슨 행정부는 닉슨 독트린과 주한미군철수라는 동맹게임의 논리와 데탕트와 두 개의 한국 정책이라는 적대게임의 논리의 새로운 결합에 의하여 한반도 정책을 전개하였다.[148] 하지만 이와 같은 미국의 유화적인 노선은 이후 1973년 이후 남북대화가 중단되고 북한의 요청에 의한 쌍무적 협상의 제의에 대해 미국이 유보적 입장을 표시하게 되면서 결국 이전 시기의 대립적인 상태로 회귀하였다. 결국 세계적이고 지역적인

---

145. 1973년 북한의 8.28 성명 이후 당시 김영선 국토통일원 장관은 남북대화를 통해서 감상적 통일론이 얼마나 허구인가 하는 점이 잘 드러났으며, 북한의 전략 및 전술을 피부로 느끼게 되었다고 말하고 있다. 제88회 국회 회의록 제5호, 1973. 9. 26.

146. 김영선 국토통일원 장관은 대한민국이 두 개의 한국 정책을 추구함으로써 남북한간의 민족괴리를 영구화시키고 있다는 북한의 비판에 대한 정부의 입장을 묻는 김상년 의원의 질문에 대해 오히려 북한이 두 개의 정부 또는 두 개의 정권이 있다는 점을 인정시키기 위해서 모든 수단을 가리지 않고 있는 것이 아닌가라고 반문하였다. 제88회 국회 회의록 제5호, 1973, 9. 26.

147. From American Embassy(Seoul) to Department of State, June 11, 1970, Pol 32-4 Kor S, Subject-Numeric Files, RG 59, National Archives.

148. 김수광은 미국의 방위부담의 감소를 목표로 하였던 닉슨 행정부의 초기 정책이 결과적으로는 재래식 방어 전략이 공세적으로 변화하고 한미연합사 창설 결정을 통해 한미연합지휘체계가 강화되면서 미국의 한반도 개입이 더욱 공고화되는 것으로 변화하였다고 지적하고 있다. 그는 이러한 의도하지 않은 결과의 이유가 닉슨 독트린과 데탕트 정책이 서로 다른 요구를 만들어 냈기 때문이라고 설명한다. 김수광, 2008, 5, 6장을 볼 것.

수준의 데탕트의 기회는 한반도의 수준에서는 평화적인 전환이나 공존을 위한 실질적인 계기를 제공하지 못하고 교착상태로 이어지게 되었고, 그 배경에는 북한의 정책 변수와 더불어 위협인식의 차이에 기인한 한미공조의 한계가 존재하였던 것이다.

위에서 서술된 것처럼 베트남전의 상황과 미중관계의 변화를 통해 한국과 미국은 방기와 연루라는 서로 다른 안보적 위협을 느끼게 되었고, 이는 북한의 능력과 의도에 의한 양측의 상이한 평가에 기반하고 있었다. 이러한 상이한 인식은 한국의 국내정치에 의해 더욱 증폭되었고, 미국은 박정희의 대북, 국내정책이 오히려 한반도의 불안정 요인이 될 수 있다고 생각하게 되었다. 이와 같은 안보적 위협의 인식차이는 현상유지를 원하는 미국에게 있어 박정희를 한반도의 현상변경을 추구하는 공격적 현실주의자로 간주할 수 있는 계기를 제공하였고, 이러한 우려는 한국이 자주국방의 수단으로 채택한 전략무기 개발을 통해 실제적인 변수로 등장하였다.[149] 이승만 시기의 사례와 유사하게 박정희도 데탕트의 체제적 변화 속에서 상대적으로 지체(stasis)의 모습을 보이면서 저항과 협상을 결합하는 대미정책을 택하게 되나, 이러한 시도는 외부적 환경의 전환기에 그 변화의 양상을 적절하게 활용하거나 그를 통해 자신이 속한 구조의 질적인 전환을 모색하는 구성의 단계로는 이어지지 못하였던 것이다.[150]

149. 구체적인 위협의 존재 여부와 이에 대한 인식의 문제를 함께 포괄하는 이러한 위협인식의 문제는 여러 가지의 존재론적/인식론적 검토를 필요로 한다. 위협에 대한 객관적인 평가와 더불어 중요한 것은 그 당시 인식의 문제를 현재의 사후적인 맥락에서 평가하는 것이 갖는 시차의 문제라고 할 것이다.

150. 이는 이승만 퇴진 이후의 장면 정부와 마찬가지로 박정희 사후에 등장한 전두환 정부에서 대미관계에 있어서 실질적인 자율성이 저하되었다는 사실에서 잘 드러나고 있다.

IV. 현재와 정책

역사학자들이 정치학자들이 다루는 국제관계의 작업들에 대하여 논평하면서 가장 흔하게 하는 비판 중의 하나가 그들이 역사적 사례를 현재의 정책적 논쟁을 위해 사용한다는 것이다. 하지만 이와 같은 현재주의(presentism)와 정책지향성의 문제는 실용적 학문으로서 국제정치학의 성격에 미루어 보아 부분적으로는 불가피한 것으로 생각된다. 그러나 여전히 중요한 것은 여기에서 쓰여지는 일반화 혹은 유추(analogy)의 방법론이 적절하게 적용되고 있는가 하는 점이라 할 수 있다.[1] 이승만과 박정희 정부의 역사적 사례에서 나타나는 역할구상과 위협인식의 문제는 현재의 한미동맹과 한국의 대미정책의 사례에 있어서도 여전히 중요한 학문적, 정책적 검토를 요구하고 있는 것으로 보인다.

---

1. 외교정책연구에 있어서 유추를 통한 분석의 예로는 Y. F. Khong, *Analogies at War: Korea, Munich, Dien Bien Phu, and the Vietnam Decision of 1965*, Princeton University Press, 1992를 참조할 것. 하지만 모겐소(Morgenthau)는 일찍이 유추의 부적절한 사용의 위험성을 지적하고 있었다. H. Morgenthau, "Remarks on the Validity of Historical Analogy," *Social Research*, 39, 2, 1972를 볼 것.

노무현 행정부 당시 가장 뜨거운 정책적 논쟁의 대상이 되었던 소위 '동북아 균형자론'은 체제 전환기의 역할구상 문제에 관한 전형적인 예를 보여준다. 동북아 균형자론은 탈냉전 시기 한국의 새로운 지역 역할 모색의 과정에서 등장하게 되었다. 노무현 대통령은 2005년 3월 22일 육군 3사관학교 졸업식에서 다음과 같이 연설하였다.

> 우리 대한민국은 동북아시아의 전통적인 평화세력입니다. 역사 이래로 주변국을 침략하거나 남에게 해를 끼친 적이 없습니다. 우리야말로 떳떳하게 평화를 말할 자격이 있다고 생각합니다. 이제 우리는 한반도뿐만 아니라 동북아시아의 평화와 번영을 위한 균형자 역할을 해 나갈 것입니다. 따질 것은 따지고 협력할 것은 협력하면서 주권국가로서 당연한 권한과 책임을 다해 나가고자 합니다. 앞으로 우리가 어떤 선택을 하느냐에 따라 동북아의 세력판도는 달라질 것입니다.[2]

이는 긍정적인 측면에서 동북아에서 대립질서의 형성을 제어하면서 협력질서의 창출을 모색하기 위한 방도로서 고안되었고, 지역의 평화와 번영에 한국이 이른바 중소국으로서 일익을 담당하려는 균형외교 전략의 제시로 묘사될 수 있다. 즉 한국의 균형자론은 평화협력의 '촉진자', 예방외교 중심의 '중재자', 그리고 평화질서 창출을 위한 '창안자'의 역할을 포함한다는 것이다.[3]

하지만 한편으로는 이러한 탈냉전기 한국의 새로운 역할구상은 균형자의 개념 자체가 모호하다는 점, 과연 동북아 지역의 균형자로 한국이 적절한 능력을 갖고 있는가 하는 점,[4] 균형자 역할과 한미동맹

2. 2005년 3월 22일, 육군 3사관학교 제40기 졸업 및 임관식 치사. 박영준, 「'동북아 균형자'론과 21세기 한국외교」, 『한국정치외교사논총』 28, 1, 2006, p. 165에서 재인용.

3. 김기정, 「21세기 한국 외교의 좌표와 과제: 동북아 균형자론의 국제정치학적 의미를 중심으로」, 『국가전략』 11, 4, 2005.

4. 박영준은 노무현 정부가 말하는 균형자론이 18세기 영국의 경우처럼 압도적인 군사

의 유지 및 강화가 양립가능한가 하는 점,[5] 그리고 북핵문제 해결에 있어서 이와 같은 역할설정이 갖는 문제점은 없는가 하는 점 등에 의해 비판적 고려의 대상이 되었다.[6] 따라서 이러한 전략적 논의의 의미와 필요성을 인정한다 하더라도, 인식의 변수에 대한 고려와 외교적 신중성, 그리고 무엇보다도 한국이 담당할 외교적 역할에 대한 보다 세련되고 정교한 정의의 중요성이 언급되는 것이다.[7]

북핵문제의 사례는 동아시아/한반도 안보 문제에 있어서 한미 간의 위협인식의 차이와 이에 따른 갈등의 존재를 보여주는 또 다른 예에 해당한다. 북한이 핵과 미사일을 개발하려는 의도에 대해서는 한국 내에서도 이견이 존재하여 왔다. 즉 북한의 행동을 한국전쟁 이후의 북한의 한국에 대한 공격적인 의도의 연장선상에서 파악하려는 입장과 이를 기본적으로 정권의 생존을 위한 벼랑 끝 전략으로 대표되는 북한의 협상카드로 이해하려는 상반된 입장이 대립되었던 것이다. 한미 양국 사이에서는 북한의 핵 개발을 억제 내지는 협상용으로 간주하려는 김대중, 노무현 정부의 인식과 이를 대량살상무기 확산 방지라는 국제안보의 차원과 핵관련 기술과 물질이 잠재적인 테러 집단에 이전되는 것을 봉쇄한다는 반테러전의 지구안보의 차원에서 다루려 했던 부시 행정부의 인식이 갈등을 빚어 왔다. 이와 같은 위협인식의 차이는 한국의 국내적 반미여론의 요인과 더불어 한미동맹의 가장 큰 불안정 요소로 지적되었다. 즉 동맹이란 근본적으로 위협

력과 경제력으로 대륙의 평화유지를 조정하는 균형자를 의미하는 것이 아님은 분명하며, 다만 한국이 자신의 도덕적 기반과 증진된 국가위상을 활용하여 지역질서의 안정을 위해 보다 적극적인 역할을 담당하겠다는 의미를 갖고 있는 것으로 보인다고 말한다. 박영준, 2006, pp. 177-178.

5. 균형자의 역할 모색이 미중 사이에서의 전략적 모호성의 채택이나 기존의 남방 3각 관계에서의 부분적인 자율성 추구를 의미할 수도 있다는 점에서 이러한 지적이 이루어졌다고 볼 수 있다.

6. 장경룡, 「동북아 균형자론」, 『정치정보연구』 8, 2, 2005.

7. 조경근, 「노무현 정부의 '동북아 균형외교 정책'」, 『통일전략』 8, 1, 2008.

인식의 공유에서 형성되는 것이며, 위협인식의 면에서 공감보다 차이가 더 큰 동맹은 장기적으로 유지되기가 어렵다는 주장이 등장했던 것이다.[8]

언급된 것처럼 북핵문제는 미국과 북한의 차별적인 상호정체성, 북한과 국제사회가 바라보는 핵개발의 동기에 대한 근본적인 입장 차이, 그리고 한국과 미국이 갖고 있는 이 사안에 대한 한반도적 관점과 상위 수준의 안보적 관점 사이의 갈등 등의 다양한 형태의 인식의 문제와 연결되어 있다.[9] 하지만 또한 중요한 점은 위에서 검토된 역사적 사례에서 보는 바와 같이 미국의 북한에 대한 인식과 정책적 선택이 변화되어 왔고 변화될 가능성이 있다는 것이며, 한미북 삼각관계를 구성하는 세 양자적 관계 중에서 미북관계가 상대적인 우위를 갖는 독립변수로서 기능할 수도 있다는 사실이다.[10]

탈냉전기의 안보논의에 있어서 이 연구가 다루는 역할구상이나 위협인식과 같은 성향적 요인이 차지하는 비중은 더욱 증대되고 있는 것으로 생각된다. 즉 물질적 구조의 변화와 더불어 관념적 구조의 변화 양상이 중요하게 다루어지고 있으며, 구조적 전환과 더불어 주체의 선택 문제가 의미 있는 변수로 검토되고 있다고 볼 수 있다. 이러한 점에서 볼 때 냉전기의 체제적 변화의 시기에 등장한 한미갈등의

---

8. 김일영, 「미국의 주한미군 정책 변화와 한국의 대응: 주한미군에 관한 냉전적 합의의 형성과 이탈, 그리고 새로운 합의의 모색」, 한용섭 편, 『자주냐 동맹이냐: 21세기 한국 안보외교의 진로』 오름, 2004, pp. 233-235.
9. 박인휘, 「북핵문제의 복합성, 미국의 딜레마, 그리고 동북아 안보의 변화」, 『한국정치외교사논총』 28, 2, 2006, pp. 230-233.
10. 이러한 개연성은 현재 오바마 행정부의 경우에 있어서도 여전히 존재한다고 할 수 있다. 서보혁은 북미관계가 긍정적으로 조성될 경우 북미관계는 남북, 한미관계와 무관하게 자가발전적인 양상을 나타낼 수 있으며, 이 경우 한국의 선택지가 한반도 평화정착과 협력적 방향으로의 삼각관계 형성에 관건이 될 수 있다고 주장한다. 서보혁, 「탈냉전기 한반도 안보질서 변화에 관한 연구: 남,북,미 전략적 삼각관계를 중심으로」, 『국가전략』 14, 2, 2008, p. 80.

양상과 그 안에서 한국의 대미정책이 갖는 역할을 고찰한 본 연구가 갖는 의미를 생각할 수 있는 것이다. 구성의 부재로 특징지워지는 두 역사적 사례가 드러내는 교훈이 있다면 그것은 한미동맹의 탈냉전적 전환을 위한 한국의 적절한 역할구상과 위협인식 설정의 필요성이라고 할 수 있다. 즉 한미, 그리고 한미일, 한북미 관계의 재편을 위해서는 한반도 수준을 넘어서는 안보적 역할과 위협에 대한 신중한 전략적 인식이 요구되며, 이를 바탕으로 해서 한국의 지역적 혹은 국제적 수준에서의 구성적 개입이 비로소 가능하게 되는 것이다.[11]

---

11. 이와 같은 신중성의 추구에는 니버(Niebuhr)가 한 기도문에서 인용한 것처럼 '바꿀 수 없는 것을 받아들일 수 있는 마음의 평화'와 '바꿀 수 있는 것을 적극적으로 바꾸어 나가는 용기'와 '바꿀 수 없는 것과 바꿀 수 있는 것을 구별할 수 있는 지혜'가 요구되며, 국제정치의 학문적 탐구의 존재 이유는 바로 세 번째 덕목의 획득에 놓여 있다고 할 것이다.

참고문헌

1. 1차 자료

1) 국문문서

국사편찬위원회, 『대한민국사 자료집 36: 이승만관계서한자료집 9 (1957-1960)』 1997.

대한민국 국회, 공보실, 『대통령 이승만 박사 담화집』 제2집, 1956

________, 제80회 국회 외무위원회 회의록, 1972. 3. 13.

________, 제88회 국회 회의록 제5호, 1973. 9. 26.

대한민국 외무부, 『대한민국연표』 1970.

대한민국 외무부 외교문서, 릴 번호 J-0001, J741 양자조약-외교/군사

________, 릴 번호 G-0012, 1968-1969

________, 릴 번호 O-0013, 773.1 US 1959.

________, 릴 번호 O-0014, 773.1 US 1959 한.

2) 영문문서

Congressional Record-Senate, April 9, 1970.

Department of State, National Policy Paper: The Republic of Korea, 1965.

________, US Policy toward Korea, 1968.

Historical Studies Division, Department of State, "The USS Pueblo Incident," October, 1968.

Lyndon B. Johnson Library, From Porter to Secretary of State, August 27, 1968.
National Archives and Records Administration, 611.95B/9-557, Decimal Files, RG 59.
________, 795.00/1-857. Decimal Files, RG 59.
________, 795B.00/1-2059: 795B.00/1-2359, Decimal Files, RG 59.
________, 795B.00(W)/2-758, Decimal Files, RG 59.
________, 795B.00(W)/3-1359, Decimal Files, RG 59.
________, 795B.5/2-1859, Decimal Files, RG 59.
________, Def 6 Kor S. Subject-Numeric Files, RG 59.
________, Def 19 Kor S-US, Subject-Numeric Files, RG 59.
________, Director's Files(Winston Lord), PPS Files, RG 59.
________, Nixon Presidential Materials.
________, Pol 1 Kor S, Subject-Numeric Files, RG 59.
________, Pol 1 Kor-US, Subject-Numeric Files, RG 59.
________, Pol 7 Kor S, Subject-Numeric Files, RG 59.
________, Pol 15-1 Kor S, Subject-Numeric Files RG 59.
________, Pol 17, Kor S-US, Subject-Numeric Files, RG 59.
________, Pol 23-9, Kor S, Subject-Numeric Files, RG 59.
________, Pol 32-4 Kor S, Subject-Numeric Files, RG 59.
________, Pol 32-4 Kor/UN, Subject-Numeric Files, RG 59.
________, Pol Kor N-Kor S, Subject-Numeric Files, RG 59.
________, Pol Kor S-US, Subject-Numeric Files, RG 59.
________, Special National Intelligence Estimate, 14.2-68, PPS Files.
National Security Files, China HAK Memocons, Box 1033, Nixon.
The Syngman Rhee Presidential Papers, File No. 854.
US Senate, Hearing before the Subcommittee on US Security Agreements and Commitments Abroad, The Committee on Foreign Relations, 91st Congress, 2nd Session, 1970.

3) 인터뷰

익명의 전 외교관과의 인터뷰, 1999년 3월 25일.
유양수 전 베트남 대사와의 인터뷰, 1999년 4월 8일.

4) 월간지
『정경문화』
『월간 세대』

5) 일간지
Christian Science Monitor
New York Times
San Francisco Chronicle
Washington Post

2. 2차 자료

1) 국문 단행본
김정렴, 『한국경제정책 30년사』 중앙일보사, 1995.
박실, 『한국외교비사』 기린원, 1979.
이범준·김의곤 공편, 『한국외교정책론: 이론과 실제』 법문사, 1993.
이원덕, 『한일과거사 처리의 원점: 일본의 전후처리 외교와 한일회담』 서울대학교출판부, 1996.
신정현, 『미국과 남북한관계』 세종연구소, 1988.
젠슨, 로이드, 김기정 역, 『외교정책의 이해』 평민사, 1994.
조인원, 『국가와 선택』 나남출판, 1998.
한미관계연구회 역, 『프레이저 보고서: 유신정권과 미국의 역할』 실천문학사, 1986.
한상일, 『일본전후정치의 변동: 점령통치에서 새 체제의 모색까지』 법문사, 1997S.

2) 영문 단행본
Bates, R. et. al., *Analytic Narratives*, Princeton University Press, 1998.
Breslin, J. and J. Rubin, eds., *Negotiation Theory and Practice*, The Program on Negotiation and Harvard Law School, 1993.
Carlsnaes, W. *Ideology and Foreign Policy: Problems of Comparative Conceptualization*,

Basil Blackwell, 1986.

Cohen, R. *Threat Perception in International Crisis*, The University of Wisconsin Press, 1979.

Cohen, W. *The Cambridge History of American Foreign Relations Vol. IV: America in the Age of Soviet Power, 1945-1991*, Cambridge University Press, 1993.

Gaddis, J. *Strategies of Containment*, Oxford University Press, 1982.

Goldstein, J. and R. Keohane eds., *Ideas and Foreign Policy: Beliefs, Institutions, and Political Change*, Cornell University Press, 1993.

Hall, P. ed., *The Political Power of Economic Ideas: Keynesianism across Nations*, Princeton University Press, 1989.

Hirschman, A. *Exit, Voice, and Loyalty: Responses in Firms, Organizations, and States*, Harvard University Press, 1970.

Hollis, M. and S. Smith, *Explaining and Understanding International Relations*, Clarendon Press, 1990.

Hudson, V. *Foreign Policy Analysis: Classic and Contemporary Theory*, Rowman & Littlefield, 2007.

Jervis, R. *Perception and Misperception in International Politics*, Columbia University Press, 1976.

______, et. al., *Psychology and Deterrence*, Johns Hopkins University Press, 1989.

Kim, Stephen Jin-Woo. *Master of Manipulation: Syngman Rhee and the Seoul-Washington Alliance, 1953-1960*, Yonsei University Press, 2001.

Khong, Y. F. *Analogies at War: Korea, Munich, Dien Bien Phu, and the Vietnam Decision of 1965*, Princeton University Press, 1992.

Le Preste, P. *Role Quests in the Post-Cold War Era: Foreign Policies in Transition*, McGill-Queen's University Press, 1997.

Litwak, R. *Détente and the Nixon Doctrine: American Foreign Policy and the Pursuit of Stability, 1969-1976*, Cambridge University Press, 1984.

Macdonald, D. *U.S.-Korean Relations from Liberation to Self-reliance: The Twenty-Year Record*, Westview Press, 1992.

McDermott, R. *Political Psychology in International Relations*, The University of Michigan Press, 2004.

Mearsheimer, J. *The Tragedy of Great Power Politics*, W. W. Norton, 2001.

Morrison, C. and A. Suhrke, *Strategies of Survival: The Foreign Policy Dilemmas of*

Smaller States, University of Queensland Press, 1978.
Oberdorfer, D. *The Two Koreas: A Contemporary History*, Addison-Wesley, 1997.
Rosenau, J. *Linkage Politics*, Free Press, 1969.
______, *The Study of Political Adaptation*, Frances Pinter, 1981.
Shin, W. *Dynamics of Patron-Client State Relations: The United States and Korean Political Economy in the Cold War*, American Studies Institute, Seoul National University, 1993.
Shoemaker, C. and J. Spanier, *Patron-Client State Relations*, Praeger Publshers, 1984.
Vertzberger, Y. *The World in Their Mind: Information Processing, Cognition, and Perception in Foreign Policy Decisionmaking*, Stanford University Press, 1990.
Waltz, K. *Man, the State and War*, Columbia University Press, 1959.
Woo, J. *Race to the Swift: State and Finance in Korean Industrialization*, Columbia University Press, 1991.

3) 일문 단행본

李鍾元,『東アジア冷戰と韓米日關係』東京大學出版会, 1996.

4) 국문 논문

김계동, 「한미동맹관계의 재조명: 동맹이론을 분석틀로」, 『국제정치논총』 41, 2, 2001.
김기정, 「21세기 한국 외교의 좌표와 과제: 동북아 균형자론의 국제정치학적 의미를 중심으로」, 『국가전략』 11, 4, 2005.
김수광, 「닉슨-포드 행정부의 대 한반도 안보정책 연구: 한국방위의 한국화 정책과 한미연합방위체제의 변화」, 서울대학교 외교학과 박사학위 논문, 2008.
김우상, 「한미동맹의 이론적 재고」, 『한국과 국제정치』 20, 1, 2004.
김일영, 「이승만 정부에서의 외교정책과 국내정치: 북진, 반일정책과 국내 정치경제와의 연관성」, 『국제정치논총』 39, 3, 1999.
______, 「미국의 주한미군 정책 변화와 한국의 대응: 주한미군에 관한 냉전적 합의의 형성과 이탈, 그리고 새로운 합의의 모색」, 한용섭 편, 『자주냐 동맹이냐: 21세기 한국 안보외교의 진로』 오름, 2004.
김현철, 「청일전쟁 시기 미국의 대조선정책의 이상과 현실」, 국제관계연구회 편, 『근대국제질서와 한반도』 을유문화사, 2002.
마상윤, 「안보와 민주주의, 그리고 박정희의 길: 유신체제 수립원인 재고」, 『국제정치논총』 43, 4, 2003.
모리스-스즈키, 테사, 「북송사업과 탈냉전기 인권정치」, 『창작과 비평』 129, 2005년 가을.
박영준, 「'동북아 균형자'론과 21세기 한국외교」, 『한국정치외교사논총』 28, 1, 2006.
박인휘, 「북핵문제의 복합성, 미국의 딜레마, 그리고 동북아 안보의 변화」, 『한국정치외교사논총』 28, 2, 2006.
박태균, 「1960년대 말 박정희 정권의 동원체제 형성과정」, 한국사회사학회 월례연구발표회 발표논문, 2004. 5. 29.
서보혁, 「탈냉전기 한반도 안보질서 변화에 관한 연구: 남·북·미 전략적 삼각관계를 중심으로」, 『국가전략』 14, 2, 2008.
신승준, 「이승만과 1950년대 후반기의 한일회담」, 서울대학교 외교학과 석사학위논문, 1999.
신욱희, 「한미동맹의 내부적 역동성: 분석틀의 모색」, 『국가전략』 7, 2, 2001.
______, 「동아시아의 냉전: 형성, 결과, 유산」, 『국제문제연구』 24, 2001-2002.
______, 「냉전기 미일동맹의 정치경제, 1954-1960년: 일본의 역할」, 문정인·오코노기 마사오 공편, 『시장, 국가, 국제체제』 아연출판부, 2002.
______, 「이승만의 역할인식과 1950년대 후반의 한미관계」, 『한국정치외교사논총』 26, 1, 2004.
______, 「기회에서 교착상태로: 데탕트 시기 한미관계와 한반도의 국제정치」, 『한국정치외교사논총』 26, 2, 2005.
______, 「비대칭적 동맹에서의 갈등: 정치심리학적 측면」, 『국방연구』 50, 1, 2007.
______, 「구성주의: 국제관계의 사회적 구성과 전환」, 『정치학 이해의 길잡이: 국제정치와 안보』 법문사, 2008.
신욱희·김영호, 「전환기의 동맹: 데탕트 시기의 한미안보관계」, 한국정치사학술회의 발표논문, 2000. 4. 7.
양성철·문정인, 「한미 안보관계의 재조명: '푸에블로호' 사건의 위기 및 동맹관리를 중심으로」, 안병준 편, 『한국과 미국 I』 경남대학교 출판부, 1988.
우승지, 「남북관계와 한미동맹관계의 이해, 1969-1973」, 『한국정치외교사논총』

26, 1, 2004.
이석호,「약소국 외교정책론」, 이상우·하영선 공편,『현대국제정치학』나남, 1992.
이철순,「이승만 정권기 미국의 대한정책 연구(1948-1960)」, 서울대학교 정치학과 박사학위 논문, 2000.
장경룡,「동북아 균형자론」,『정치정보연구』8, 2, 2005.
장노순,「'교환동맹모델'의 비교환성: 비대칭적 한미안보동맹」,『국제정치논총』36, 1, 1996.
정용욱,「이승만 정부의 붕괴(3.15-4.26): 이승만 정부의 대응 및 미국의 역할과 관련하여」, 한국정신문화연구원 현대사연구소 편,『한국현대사의 재인식 4: 1950년대 후반기의 한국사회와 이승만 정부의 붕괴』오름, 1998.
조경근,「노무현 정부의 '동북아 균형외교 정책'」,『통일전략』8, 1, 2008.
조동준,「'자주'의 자가당착: 한반도 국제관계에 나타난 안보모순과 동맹모순」,『국제정치논총』44, 3, 2004.
조무형,「아시아민족반공연맹의 창설과 좌절: 역할이론을 통한 한미갈등의 개념화」,『세계정치』29, 2, 2008.
차상철,「아이젠하워, 이승만, 그리고 1950년대의 한미관계」,『미국사연구』13, 2001.
하영선,「한국외교정책 분석틀의 모색」,『국제정치논총』28, 2, 1988.
하영선 · 김영호,「한국외교사와 국제정치학: 한국국제정치학 바로 세우기」, 하영선 · 김영호 · 김명섭 편,『한국외교사와 국제정치학』성신여자대학교 출판부, 2005.
홍석률,「1968년 푸에블로 사건과 남한, 북한, 미국의 삼각관계」,『한국사연구』113, 2001.
______,「1970년대 전반 동북아 데탕트와 한국 통일문제: 미중 간의 한국문제에 대한 비밀협상을 중심으로」,『역사와 현실』42, 2001.
______,「1970년대 전반 북미관계: 남북대화, 미중관계 개선과의 관련하에서」,『국제정치논총』44, 2, 2004.
홍용표,「국가안보와 정권안보: 이승만 대통령의 안보정책을 중심으로, 1953-1960」,『국제정치논총』36, 3, 1997.

5) 영문 논문

Baldwin, D. "Thinking about Threats," *Journal of Conflict Resolution*, 15, 1, 1971.

Bar-Tal, D. and D. Jacobson, "A Psychological Perspective on Security," *Applied Psychology: An International Reveiw*, 47, 1, 1998.

Bennett, A. and A. George, "Case Studies and Process Tracing in History and Political Science: Similar Strokes for Different Foci," in C. Elman and M. Elman eds., *Bridges and Boundaries: Historians, Political Scientists, and the Study of International Relations*, The MIT Press, 2001.

Calder, K. "Japanese Foreign Economic Policy Formation: Explaining the Reactive State," *World Politics*, 40, 4, 1988.

Carlsnaes, W. "The Agency-Structure Problem in Foreign Policy Analysis," *International Studies Quarterly*, 36, 2, 1992.

______, "Foreign Policy," in Carlsnaes, et. al. eds., *Handbook of International Relations*, Sage, 2002.

Chayes, A. and A. H. Chayes, "On Compliance," *International Organization*, 47, 2, 1993.

Eisenstadt, S. N. and L. Roniger, "Patron-Client Relations as a Model of Structuring Social Exchange," *Comparative Study of Society and History*, 22, 1980.

Grossman, M. "Role Theory and Foreign Policy Change: The Transformation of Russian Foreign Policy in the 1990s," *International Politics*, 42, 2005.

Holsti, K. J. "National Role Conceptions in the Study of Foreign Policy," *International Studies Quarterly*, 14, 3, 1970.

Jervis, R. "The Impact of the Korean Wat on the Cold War," *Journal of Conflict Resolution*, 24, 4, 1980.

Keohane, R. "Lilliputians' Dilemmas: Small States in International Politics," *International Organization*, 23, 2, 1969.

Kim, S. "Security, Nationalism and Pursuit of Nuclear Weapons and Missiles: The South Korean Case, 1970–1982," *Diplomacy and Statecraft*, 12, 4, 2001.

Lake, D. "Escape from the State of Nature: Authority and Hierachy in World Politics," *International Security*, 32, 1, 2007.

Lee, Jung Ha "The Impact of the Nixon Doctrine on South Korea: A Critical Analysis of U.S.-South Korean Relations, 1969–1976," Ph. D.

Dissertation, The Catholic University of America, 1980.

Levy, J. "Explaining Events and Developing Theories: History, Political Science, and the Analysis of International Relations," in C. Elman and M. Elman eds., *Bridges and Boundaries: Historians, Political Scientists, and the Study of International Relations*, The MIT Press, 2001.

Morgenthau, H. "Remarks on the Validity of Historical Analysis," *Social Research*, 39, 2, 1972.

Morrow, J., "Alliances and Asymmetry: An Alternative to the Capability Aggregation Model of Alliance," *American Journal of Political Science*, 35, 4, 1991.

Papadakis, M. and H. Starr, "Opportunity, Willingness, and Small States: The Relationship between Environment and Foreign Policy," in C. Hermann et. al., *New Directions in the Study of Foreign Policy*, Allen & Unwin, 1987

Parsons, C. "Showing Ideas as Causes: The Origins of the European Union," *International Organization*, 56, 1, 2003.

Putnam, R. "Diplomacy and Domestic Politics: The Logic of Two-level Bargaining Games," *International Organization*, 42, 3, 1988.

Ripley, B. "Psychology, Foreign Policy, and International Relations Theory," *Political Psychology*, 14, 3, 1993.

Rosati, J. "The Power of Human Cognition in the Study of World Politics," *International Studies Review*, 2, 3, 2000.

Shih, C. "National Role Conception as Foreign Policy Motivation: The Psychocultural Bases of Chinese Diplomacy," *Political Psychology*, 9, 4, 1988.

Singer, J. "The Level-of-Analysis Problem in International Relations," in Knorr, K. and Verba, S. eds., *The International System: Theoretical Essays*, Princeton University Press, 1961.

Snyder, G. "The Security Dilemma in Alliance Politics," *World Politics*, 36, 4, 1984

Snyder, J. "Richness, Rigor, and Relevance in the Study of Soviet Foreign Policy," *International Security*, 9, Winter 1984/1985.

Sprout, H. and M. Sprout, "Environmental Factors in the Study of International Politics," *The Journal of Conflict Resolution*, 1, 4, 1957.

Tetlock, P. and J. Goldgeier, "Human Nature and World Politics: Cognition,

Identity, and Influence," *International Journal of Psychology*, 35, 2, 2000.

Walker, S. "Role Theory and Foreign Policy Analysis: An Evaluation," in S. Walker, ed., *Role Theory and Foreign Policy Analysis*, Duke University Press, 1987.

Walt, S. "Why Alliances Endure or Collapse," *Survival*, 39, 1, 1997.

Wendt, A. "The Agent-Structure Problem in International Relations Theory," *International Organization*, 41, 3, 1987.

______, "Social Theory as Cartesian Science: An Auto-critique from a Quantum Perspective," S. Guzzini and A. Leander, eds., *Constructivism and International Relations: Alexander Wendt and His Critics*, Routledge, 2006.

Wendt, A. and D. Friedheim, "Hierarchy under Anarchy: Informal Empire and the East German State," *International Organization*, 49, 4, 1995.

Wish, N. "Foreign Policy Makers and Their National Role Conceptions," *International Studies Quarterly*, 24, 4, 1980.

Yee, A. "The Causal Effects of Ideas on Policies," *International Organization*, 50, 1, 1996.

Abstract

Beyond Compliance and Resistance

The Policies of Syngman Rhee and Park Chung Hee toward the United States

Wookhee Shin

This book is composed of four chapters: theory and methodology; concepts and variables; history and cases; the present and policies.

The first chapter deals with the theoretical and methodological problems in international relations theory and foreign policy analysis including the level of analysis problem, the agent-structure problem, explanation and understanding, the role of ideas and scientific realism. As this research basically aims at an 'integrative approach', it adopts a political-psychological approach examining the possibility of bridging the disciplines of international relations and history.

Before analyzing the dynamics of the Korean-US alliance, the second chapter examines certain concepts and variables regarding 'alliance games' within asymmetric alliances. In exploring the frameworks of patron-client state relations and the pursuit of agency, this chapter expounds upon three fundamental concepts underlying the behavior of lower units: compliance, resistance, and construction. As a means of analyzing the dispositional dimension in foreign policy decision-making, this study focuses on the variables of 'role conception' and 'threat perception', and refers to previous researches conducted by Jervis, Holsti, and Walt.

The third chapter deals with two historical cases of the Korean-US alliance in the Cold War. The first case focuses on Syngman Rhee's role conception in the so-called 'mini-détente' environment that originated in the mid-1950s. This research argues that one of the fundamental factors leading to Korea's isolation from the US and Japan in their trilateral relationship was the distance between Syngman Rhee's role conception and the US and Japanese perception of that role. The second case deals with Park Chung Hee's threat perception during the détente period. While US policy changes during that period had provided a chance for détente in the Korean peninsula, that potential opportunity, which might have been realized through South-North Korean talks, instead ended in a stalemate, further windening the rift in inter-Korea relation. This research argues that one of the crucial factors limiting such a turn around might have been the limits placed on enhanced cooperation between South Korea and the US, which arose from the problem of threat perception. This problem was related to issues such as the fear of abandonment and entanglement, regime security and domestic politics, and the strategic postures of offensive and defensive realism.

The fourth chapter focuses on the present and policy implications of the preceding theoretical and historical analyses as outlined above. It illustrates that the debate on the 'balancer' role in Northeast Asia during the Rho Moo-hyun government and the conflicts between South Korea and the US regarding the North Korean nuclear problem are related to the problem of role conception during the transitional period in international system and that of threat perception within the Korean-US alliance respectively. Lastly, this study discusses the conditions for 'constructive engagement' by South Korea in regional and international politics.

찾아보기

발간사

'한국학'에 대한 관심과 요구가 국내외에서 높아지고 있다. 한국학을 전공으로 하는 학과도 생겨나고 한국학 연구자들의 국제학술대회도 종종 접하게 된다. 한국사회가 짧은 시기에 보여 준 역동적인 변화에 대한 학문적 관심이 나라 안팎으로 증대된 결과일 것이다. 한국의 역사와 문화, 사회적 경험이 점점 더 많은 연구자들의 관심대상으로 되고 있다는 사실은 매우 반가운 일이다.

한국학이란 고정된 분과학문 체계 내의 한 부분영역이 아니라 다양한 분과학문들이 함께 참여하는 학제적 연구의 성격을 지닌다. 한국학은 과거의 전통에 깊은 관심을 갖지만 현재의 문제들에도 주목하며 미래의 전망을 모색하는 작업도 포함한다. 인문학적 논의와 사회과학적 관심은 물론이고 자연과학적 문제의식과 예술적 시각이 함께 어우러지는 곳이다. 당연히 한국학은 국내의 연구자들이 자신의 특수성만을 부각시키는 폐쇄적인 장이 아니라 전 세계의 학자들이 자유롭게 참여하는 지적 토론의 공간이다. 한국을 대상으로 한 다양한 연구를 지원하며 진지한 논의와 지적 실험을 뒷받침하는 것이야말로 한국학의 가장 중요한 역할이라 할 것이다.

이런 의미에서 한국학은 한국의 문화와 역사적 경험을 전 인류의 문화유산과 역사적 경험의 한 부분으로 바라보는 전 지구적 시각을 요구받고 있다. 한국학은 한국사회의 경험을 연구하되, 그것을 21세기 세계사적 과제들과 더불어 사고함으로써 새로운 문명적 대안을 모색하는 전 지구적 논의에 적극적으로 동참하는 작업이 되어야 한다. 이런 종합적이고 개방적인 연구의 집적을 통해서만 한국의 특수성만을 절대화하는 오류에서 벗어나면서 동시에 서구의 눈으로 한국을 대상화, 타자화하는 오리엔탈리즘적 지역학의 한계도 극복할 수 있는 길이 열릴 것이다.

한국의 학문 발전에 큰 책임을 지고 있는 서울대학교는 한국학의 바람직한 발전을 위해 적극적인 역할을 하고자 한다. 이를 위해 별도의 연구기금을 마련하여 '한국학 장기기초연구 지원사업'을 추진하고 이 사업의 결과물들을 모아 연구총서, 자료총서, 모노그래프를 출간하기로 했다. 서울대학교 교수진의 연구역량과 진지한 문제의식들이 결집됨으로써 한국학의 연구수준이 더욱 높아지고 내용이 보다 풍부해질 것을 믿고 있다. 이 연구사업이 해를 거듭할수록 한국사회에 대한 이해가 깊어짐은 물론이고 한국의 경험을 통해 세계 학계의 시각과 논의도 더욱 풍성해질 것을 기대해 마지않는다.

2003년 8월

서울대학교 규장각한국학연구원 한국학연구사업위원회

신욱희

서울대학교 정치외교학부 교수

서울대학교 외교학과 졸업, 미국 예일대학교 정치학 박사

전공분야: 국제정치이론, 외교정책, 동아시아 국제관계

저서 및 논문: *Dynamics of Patron-Client State Relations*, 「구성주의 국제정치이론의 의미와 한계」, 「다변화된 2차적 상징: 민주평화론과 동북아시아」 등

서울대학교 규장각한국학연구원 한국학 모노그래프

01 예빈도에 보인 고구려 : 당 이현묘 예빈도의 조우관을 쓴 사절에 대하여 | 노태돈
02 현대 한국유교와 전통 | 금장태
03 살인의 진화심리학 : 조선 후기의 가족 살해와 배우자 살해 | 최재천 · 한영우 · 김호 · 황희선 · 홍승효 · 장대익
04 무협소설의 문화적 의미 | 전형준
05 정조시대의 무예 | 나영일
06 벼락도끼와 돌도끼 : 고고자료에 대한 전통적 인식 연구 | 이선복
07 한국 옛 경관 속의 생태지혜 | 이도원
08 식민권력과 통계 : 조선총독부의 통계체계와 센서스 | 박명규 · 서호철
09 한국의 천연염료 : 전통염료와 천연염색기술 | 김재필 · 이정진
10 북한의 의학교육 | 박재형 · 김옥주 · 황상익
11 국문 글쓰기의 재탄생 | 권영민
12 사할린 귀환자 | 이순형
13 조선시대의 간척지 개발 : 국토 확장과정과 이용의 문제 | 박영한 · 오상학
14 3칸×3칸 : 한국 건축의 유형학적 접근 | 전봉희 · 이강민
15 위성영상을 이용한 북한지역의 해안습지연구 : 평안남도를 사례로 | 유근배
16 한국 구비문학에 수용된 재담 연구 | 서대석
17 한국 자본자유화와 금융자유화의 근년변화 : OECD 가입 및 IMF 사태 이후의 실상, 평가 및 대응 | 이천표
18 구어 한국어의 의향법 실현방법 | 권재일
19 조선시대 복식에 나타난 적색계 색명의 의미 | 남윤자 · 김순영 · 박성실
20 우리나라 인체기생충 및 의용절지동물의 동물상과 개요 | 채종일
21 경제개방이 우리나라 노동시장에 미친 효과 | 김대일

22 한국 고소설에 나타난 오이디푸스 콤플렉스 : 〈심청전〉·〈콩쥐팥쥐전〉 | 류인균

23 남북한 경제의 이질성 : 경제통합에 관한 함의 | 이지순

24 한국에서 마르크스주의 경제학의 도입과 전개과정 | 김수행

25 한국 장수인의 개체적 특성과 사회환경적 요인 : 호남지방 장수벨트를 중심으로 | 박상철 · 이미숙 · 이정재 · 한경혜

26 전통마을 경관요소들의 생태적 의미 | 이도원

27 한국의 중산층 | 홍두승

28 한국 여성의 건강증진행위 | 윤순녕 · 김숙영 · 이지윤

29 心과 性 : 茶山의 『孟子』 해석 | 금장태

30 20세기 초기 국어의 문법 | 권재일

31 한국의 고령노동 : 경제활동과 고용구조의 장기적 변화 | 이철희

32 웃음으로 눈물 닦기 : 한국 언어문화의 한 특질 | 김대행

33 한국의 좌파 경제학자들 | 김수행 · 김공회

34 온돌과 한국인의 수면 생활 : 침상 기후를 중심으로 | 최정화 · 김문숙

35 한국 고대의 온돌 : 북옥저, 고구려, 발해 | 송기호

36 한국 시민단체의 내부의사결정과정에 관한 연구 | 김준기

37 한국문화를 쓴다 : 강용흘의 『초당』과 이미륵의 『압록강은 흐른다』 비교연구 | 최윤영

38 정약용 사상 속의 과학기술 : 유가 전통, 실용성, 과학기술 | 김영식

39 仁과 禮 : 다산의 『논어』 해석 | 금장태

40 서양인의 한국 종교 연구 | 김종서

41 韓國詩話에 보이는 杜詩 | 이영주

42 한국의 소득불평등과 빈곤 : 소득분배 악화와 사회보장정책의 과제 | 구인회

43 한국인 치매환자의 행동 및 심리 증상의 횡문화적 특성 | 조맹제 · 김진영

44 한국 사회복지 네트워크의 구성과 효과성 : 지역종합사회복지관의 네트워크 구성과 조직 효과성을 중심으로 | 김준기

45 근대한국의 국제관념에 나타난 도덕과 권력 | 장인성

46 한국의 의료체제 : 제도와 지배구조 | 송호근

47 몽골제국과 고려 : 쿠빌라이 정권의 탄생과 고려의 정치적 위상 | 김호동

48 한국무협소설의 작가와 작품 | 전형준

49 한국 근대소설에 나타난 오이디푸스 콤플렉스의 이해 : 이광수, 김동인, 염상섭, 이상을 중심으로 | 류인균

50 한국의 하구역 : 하구둑 건설 이후의 지형변화 | 유근배 · 김성환 · 신영호

51 한국의 신용평가제도 | 이인호

52 전통 마을숲의 생태계 서비스 | 이도원 · 고인수 · 박찬열

53 두 개의 예외적인 복제체제 비교 연구 : 한국 복지국가 모형의 탐색 | 김태성

54 박정희 체제의 성립과 전개 및 몰락 : 국제적 · 국내적 계급관계의 관점 | 김수행 · 박승호

55 한국 서해안의 해안사구 : 지형학적 관점을 중심으로 | 유근배 · 류호상

56 『기우제등록』과 기후의례 : 기우제, 기청제, 기설제 | 최종성

57 한국어 술어의 사건 구조와 논항 구조 | 남승호

58 舊韓末의 韓獨 外交文書 '德案' 硏究 | 권오현

59 현대 한국어의 공시 형태론 : 경주지역어를 실례로 | 최명옥

60 서양문화를 쓴다 : 강용흘의 〈동양 서양에 가다〉와 이미륵의 〈압록강에서 이자르강까지〉 | 최윤영

61 시장발전과 경제개발 | 이승훈

62 고려국가와 집단의식 | 노명호

63 근현대 한국미술과 '동양' 개념 | 정형민

65 현대 한국복지국가의 제도적 전환 | 안상훈

66 순응과 저항을 넘어서 : 이승만과 박정희의 대미정책 | 신욱희

67 생태서식처로서 한국 서해안 해안사구 | 유근배 신영호 김대현 김성환

69 한국 정신보건서비스의 전개 과정: 사회서비스의 관점에서 | 강상경

70 일제의 한국 식민지화와 문명화(1904~1919) | 권태억

71 이즈미 세이이치와 군속인류학: 뉴기니 조사를 중심으로 | 전경수

서울대학교 규장각한국학연구원 한국학 연구총서

01 지방문학사 : 연구의 방향과 과제 | 조동일

02 한국 근대과학 형성과정 자료 | 문만용 · 김영식

03 목석의 울음 : 손창섭 문학의 정신분석 | 조두영

04 통일한국의 농업 : 통일 이후 남 · 북한 농산물의 통합생산 방안 | 김완배 · 김한호 · 이정재 · 이태호 · 정하우

05 현대 한국사회의 철학적 문제 : 사회운영원리 | 백종현

06 한국유교의 과제 | 금장태

07 韓國 古代 · 中世初期 土地制度史 : 古朝鮮~新羅 · 渤海 | 이경식

08 『무과총요』 연구 | 나영일

09 북한 주요 산업지역의 토지이용 변화와 개방지역에 관한 연구 | 황만익 · 이기석

10 재벌체제와 다국적기업 : 경제개발의 두 가지 유형 | 이승훈

11 붉은악마와 월드컵 | 이순형

12 『조선왕조실록』 보존을 위한 기초 조사연구 (1) | 송기중 · 신병주 · 박지선 · 이인성

13 한국 근대의 사회복지 | 안상훈 · 조성은 · 길현종

14 한국어 체언의 음변화 연구 | 이상억

15 조선 중기 무예서 연구 | 나영일 · 노영구 · 양정호 · 최복규

16 1950년대 사회주의 건설기의 북한 보건의료 | 황상익

17 후발 산업화와 국가의 동학 : 탈관료화와 강성국가의 공동화 | 하용출

18 조선 후기의 기술도 : 서양 과학의 도입과 미술의 변화 | 정형민 · 김영식

19 韓國 中世 土地制度史 : 朝鮮前期 | 이경식

20 남북 언어의 문법 표준화 | 권재일

21 50권본『화엄경』연구 | 이승재

22 한·중 소화의 비교 | 서대석

23 고려전기의 전시과 | 이경식

24 개항기 전후 경상도의 육상교통 | 허우긍·도도로키 히로시

25 한국어의 주제와 통사 분석 : 주제 개념의 새로운 전개 | 임홍빈

26 한국적 패션 디자인의 제다움 찾기 : 전통미와 현대적 활용을 중심으로 | 김민자

27 한국 근대문학교육사 연구 | 우한용

28『조선왕조실록』의 여진족 족명과 인명 | 김주원

29 중앙아시아 고려말의 문법 | 권재일

30 삼국통일전쟁사 | 노태돈

31 한국의 사회운동과 진보정당 | 임현진

32 한국 행락문화의 변천과정 | 황기원

33 노래의 상상계(근간) | 신범순

34 한국의 언어 민속지 : 전라남북도 편 | 왕한석

35 주시경의 언어이론 | 송철의

36 일제 강점기의 철도 수송 | 허우긍

37 인권으로 읽는 동아시아: 한국과 일본의 인권 개성조건 | 정진성·공석기·구정우

38 정조와 정조시대 | 김인걸 외

39 문화의 정치와 지역사회의 권력구조: 안동과 안동김씨 | 김광억

40 한국어 명사구의 의미론: 한정성/특정성, 총칭성, 복수성 | 전영철

41 한국의 건강 불평등 | 김창엽·김명희·이태진·손정인